被災者支援の
くらしづくり・まちづくり

――― 仮設住宅で健康に生きる ―――

岩船　昌起　編著

古今書院

「隣接」型の仮設住宅
仮設住民の多くが住んでいた集落に隣接する仮設住宅では,平均年齢が高く,元々の自宅(の敷地)である「従前地」への依存性が高い人びとが居住する傾向がみられる。「近地」型や「遠地」型の仮設住宅に入居した住民の特性と異なるようだ。

Looking for Healthy Living in Temporary Housing:

Geographical Policies in Support to Disaster-Affected People for Reconstruction of Daily Life and Community

Edited by Masaki IWAFUNE

Kokon-Shoin Publisher, Tokyo, 2016

まえがき

　東日本大震災は，「被災者」を始めとする多くの人びとの人生を大きく変えた。
　発災当日，長く激しい地震の揺れに驚き，地震で散らかった自宅を気にしながら避難し，住み慣れたまちが津波で壊されていく様子を高台からみて愕然とした。自宅が流されて家財の全てを失い，連絡が取れない家族の安否を気遣いながら，避難所で寒さに凍えた。翌日以降，流された自宅周辺で残っているかもしれない家財を探しつつ，個人の生活空間が十分でなくプライバシーが保てない避難所での暮らしを続け，被災した知人友人と共に生活再建を誓いながら，応急対策期の避難生活を一日一日乗り越えていった。そして，2011 年の夏前後に応急仮設住宅（以下，仮設住宅）に入居して，いわゆる"長屋"的な暮らしが始まった。仮設住宅での生活では，人びととの絆や孤独，思いやりや嫌がらせなど，人間関係の良い面と悪い面を経験し，プレハブ仮設住宅での暑い夏と寒い冬を繰り返した。そして，5 年目を迎えた 2016 年 3 月の時点で長かった仮設住宅生活を終え，「終の棲家」としての災害公営住宅に引っ越そうとしている。
　上記は，東日本大震災に遭ったある被災者の体験を簡略して記述したものである。これに近い経験をした被災者もいれば，全く異なる過程を辿った方々もいる。「被災した」経験は，個人の特性や置かれた状況，被災時の地理的条件などに応じてそれぞれで異なるものであり，そのいずれも貴重な経験である。日本が「東日本大震災の実態や経験」を顧みて，今後の災害に備えて地域や個人で防災・減災できる力を強化している現状を考えても，「被災する」ということは，ある意味で「知的財産」とも言える。そして，「財産」である貴重な経験を，被災者にとっては苦しいものであるが，今後被災していない人や地域にできるだけ"正確に"伝える必要がある。伝えられた方々は，その知識を活用して，自分が被災しないように考え，万が一被災してもそのダメージを小さくするように自ら工夫し，かつ将来起こり得る災害に対しての備えを地域全体で強化しようとするからである。

これまで，東日本大震災被災地などでの「被災者」の生活実態にかかわる研究がたくさん行われてきた。しかしながら，それらの研究では，被災者の生活が具体的にみえるものは意外と少ない印象がある。

　編著者は，被災地の岩手県宮古市の出身である。個人に限れば，実家が津波で全壊し，応急対策期での両親の生活再建や復旧期での仮設住宅暮らしを支援したくらいの言わば「間接的に被災した程度」であったが，"岩船家"としては財産的にも目減りし，復旧期に肉親の死も経験した。発災8日目から宮古市に入り，以後ほぼ毎月1回1週間滞在して「東日本大震災被災地」の人びとと交流しながら調査研究を続けている。特に，2012年4月から2013年8月には，「仮設住宅の生活環境と仮設住宅住民（以下，仮設住民）の行動」にかかわる集中的な共同研究を実施し，この成果から仮設住民の大半が今後入居する復興公営住宅（災害公営住宅）がより過ごしやすいものとなるように提言を試みた（公益財団法人「トヨタ財団2012年度研究助成プログラム東日本大震災対応『特定課題』政策提言助成」対象プロジェクト「復興公営住宅の住まいづくりとそれを取り巻くまちづくりへの提言（D12-EA-1017）」）。この共同研究では，気候学（気象学），身体科学（理学療法，体育学），心理学（臨床心理学），経済地理学などの専門家に参加してもらい，それぞれが受け持つテーマを設定して，被災者個々の生活が見えるように個人空間を意識して"パーソナル・スケール（メートル単位で表現できる精度）"で調査を実行した。そして，これらの成果および東日本大震災被災地の現状について，古今書院が毎月発行する『地理』に2013年4月〜2014年4月に『仮設住宅のくらし：震災から2年』として速報的に連載した。

　本書は，公益財団法人「トヨタ財団2014年度社会コミュニケーションプログラム」対象プロジェクト「仮設住宅の生活環境および仮設住民の心理・体力・行動に係る研究成果の公開：シンポジウムおよび書籍の普及（D13-SC-0003）」の助成を受けて，さらに上記研究の普及を図ろうとする目的で編著されたものである。連載『仮設住宅のくらし：震災から2年』の中で「被災者支援」を行う上での基礎知識として重要な回をいくつか抜粋し，最新の情報を入れ込みながら編著し，かつ書下ろしの稿も加えて構成した。本書に含まれる内容は，基本的に人間の体力とそれに基づき発現される行動空間との関係の整理を一つの柱としており，若者から高齢者までに平均的に共通する一般的な現象について取りまとめて

いることから，宮古市や三陸沿岸の諸地域に限らず，被災する恐れがある日本全国の各地や世界の諸地域においても適応できる知識が多く含まれている。

　現在，西日本での南海トラフ地震で想定される巨大津波による災害，阪神・淡路大震災や熊本地震災害を引き起こしたような活断層による直下型地震災害，桜島での大正クラスの大規模噴火による火山災害などが危惧されており，変動帯に位置する日本の各地では潜在的に大規模災害が発生する恐れが高い。この場合，必ず「被災者」が生まれるはずであり，発災後の応急対策期や復旧期での「被災者支援」についても，発生する災害種や地域の実情などに応じて入念に準備しておく必要がある。

　本書の内容は，その意味で必ず役立つものと強く信じており，この知識を応用して効率的な「被災者支援」あるいはその準備につなげて頂くことをこころより願っている。

編著者　岩船　昌起

写真1　プレハブ仮設住宅の居間
被災した両親が入居した仮設住宅の居間。引越し当日の朝7時58分，編著者も「津波浸水深調査」の前に訪れ，中に入った。居間には，テレビ，エアコン，小さなテーブルがあり，台所には冷蔵庫，洗濯機，炊飯器があった。両親のテンションは上がり，「すげぇ〜がねぇ〜」と笑顔で上機嫌に話していたが…。　2011年6月14日撮影。

目　次

まえがき

I　岩手県宮古市と東日本大震災 ………………… 1

1. 岩手県宮古市の概要
2. 東日本大震災の概要

II　仮設住宅と住民の概要 …………………… 13

1. 避難所開設の概要
2. 仮設住宅供給の概要
3. 調査対象となる仮設住宅団地

III　仮設住宅の温湿度環境と高齢者の生活 ………… 20

1. 室内気候と居住者の働きかけ
2. プレハブ形式と住宅形式での温湿度環境の違い
3. 冬季の低温と「ストーブを一日中つけない」生活習慣
4. 夏季の熱中症対策と高齢者の生活習慣
5. 仮設入居時の留意点
6. 東日本大震災の経験を次の災害に生かす

IV 仮設住民の体力 …………………………… 36

1. なぜ体力を計測するのか
2. 調査方法
3. E-SAS から分かること
4. 高齢者を孤立させないために

コラム① 体力と坂 ………… 45

V 仮設住民の生活移動行動の空間分析 ………… 48

1. 個人空間をなぜ調べるのか
2. 調査方法
3. 調査結果
4. 移動手段の選択にかかわる考察
5. 高齢者にとっての大事な生活域（圏）とは

VI 仮設団地の類型 ―日常生活域と従前地とのかかわり ……… 58

1. 「場所愛」と「運動効率」
2. 仮設団地と住民の概要
3. 立地に基づく仮設団地の類型①
  ―地形の高低に注目して
4. 立地に基づく仮設団地の類型②
  ―従前地との距離に注目して
5. 「個人空間」にかかわる分析

| コラム② 提言：被災者の健康生活を維持できる生活環境 ……69 |

Ⅶ 「被災者」と「被災地」——時空間とともに移り変わる ……71

1. 「被災」とは何か
2. 被災者のストレス
3. 「被災地」の特性
4. 「被災地」への訪問者

| コラム③ 発災直後の生活支援を考える
——近親者を核とした人的資源の派遣 …………85 |

Ⅷ 被災地での防災力の低下 —— 消防団員の移住と高齢化 ……92

1. 被災地での「津波注意報」
2. 消防団員の津波警戒時の対応行動
3. 避難可能時間や避難者の体力に応じた避難行動の選択
4. 防潮堤門扉の手動閉鎖の問題
5. 復興計画の再検証と防災力の維持

あとがき 107
索 引 116

岩手県宮古市と東日本大震災

1. 岩手県宮古市の概要

　岩手県宮古市は，本州の最東端に位置する。岩手県の県庁所在地である盛岡市から東に直線距離約 70 kmにあり，太平洋に面している（図 1-1）。通常，東京から訪れる場合，東京駅か上野駅で東北新幹線に乗車して 3 時間程度で盛岡駅に着き，そこから JR 山田線あるいは 106 急行バスに乗って道のり 90 km強を所要時間 2 時間強で宮古駅にたどり着くのが一般的である。また沿岸にはほぼ南北に国道 45 号線が通っており，山田町など，三陸沿岸の市町村へは自動車で移動する場合が多い。

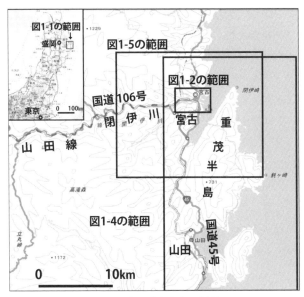

図 1-1　岩手県宮古市の概要
国土地理院「地理院地図」より作成。

写真 1-1 閉伊川河口に位置する出先埠頭からみた宮古湾と重茂半島
河川に運ばれた土砂は宮古湾で海面の高さまで堆積し，低平な「沖積平野」をつくり出す。標高が高い重茂半島は，「山地・丘陵地」からなる。2012年1月26日撮影。

a) 人びとの移動を考える上での「地形」

　三陸沿岸は，大きく考えれば，北上高地と太平洋とのかかわりで侵食あるいは堆積してできた場所といえる。

　北上高地に雨が降り，川沿いの斜面などが侵食される。その削られた土砂は河川で洪水のたびに運搬され，太平洋に注ぐ河口付近でそれらの土砂が溜まる。こうしてつくられた「平らな場所」が「沖積平野」と言われる地形であり，傾斜約3°未満でほぼ平らであることから，徒歩や自転車で，人びとが移動しやすい。宮古市の中心市街地が立地している「平らな場所」も（図1-2-a），閉伊川や山口川などが運んできた土砂が堆積してできた沖積平野である。

　一方，沖積平野の周囲は，一般に「山地」「丘陵地」あるいは「山麓緩斜面」などで，傾斜約3°よりも「急な斜面」となっている。この急傾斜な斜面は，徒歩や自転車での人間の移動に多大な体力を要求し，特に高齢者には上りで身体的精神的に"しんどさ"を感じさせる。宮古市の中心市街地の周囲は，一般に花崗岩を基盤とした標高200m未満の「丘陵地」であり（図1-2-a），侵食されて小さい谷が入り込み，より急な斜面が部分的に存在する。

b) 宮古市の中心市街地の変遷

　本稿で注目する岩手県宮古市は，藩政期に南部藩（盛岡藩）の外港として開か

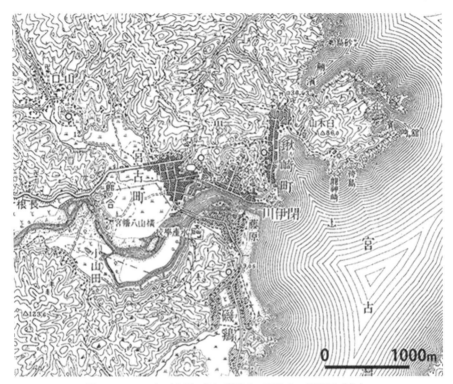

図 1-2-a　1916 年（大正 5 年）測量の 5 万分の 1 地形図「宮古」

れたことによって，周辺地域の中心地へと成長していった歴史的背景を持つ。

　1916 年（大正 5 年）旧版地形図で宮古市宮古地区をみると（図 1-2-a），「宮古町」が閉伊川河口より内陸側の左岸の沖積平野に立地している。ここは藩政期に代官所や寺院，海運にかかわる問屋などを中心に発達してきた。また，「鍬ヶ崎町」が閉伊川河口から龍神崎に至る入り江の低平地に帯状に立地している。この入り江は宮古湾の中でも外海から遮へいされた天然の良港であり，藩政期以前から明治・大正年間以降も東北でも有数の漁港・商港として栄えてきた。そして，宮古湾沿いには「鍬ヶ崎町」の他にも「藤原」や「磯鶏（そけい）」など集落が海岸線沿いに帯状に分布している。宮古の歴史的な中核が宮古湾側にあり，大正期頃までには漁業や海運にかかわる生業中心に都市が機能していたことが分かる。

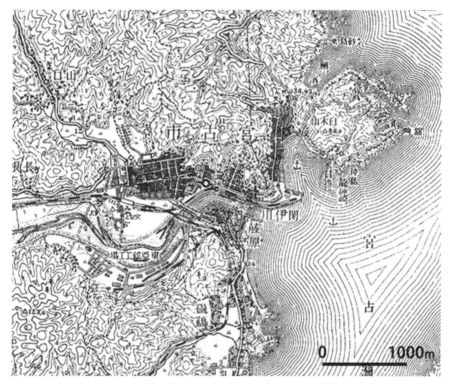

図 1-2-b　1953 年（昭和 28 年）測量の 5 万分の 1 地形図「宮古」

　その後，1924 年（大正 13 年）に「宮古町」と「鍬ヶ崎町」が合併して新生「宮古町」となり，1941 年（昭和 16 年）に山口村，千徳村，磯鶏村と合併して「宮古市」となった。この間に特筆される変化として，1934 年（昭和 9 年）11 月 6 日に宮古駅が開業するなど，国鉄山田線が敷設されたことが挙げられる。

　1953 年（昭和 28 年）応急修正の 5 万分の 1 地形図を見ると（図 1-2-b），「みやこ（宮古駅）」や「そけい（磯鶏駅）」などを確認することでき，宮古の中心市街地も西側に拡大して宮古駅の北まで達したことが分かる。鉄道の出現によって，宮古市街地がその重心を西側に移したとも言えよう。また，閉伊川左岸沿いにも貨物用の鉄道が敷かれて，鍬ヶ崎地区の港に隣接する河口の埋立地（出先埠頭）まで線路が達し，1943 年（昭和 18 年）に開業している。これは，1927 年（昭和 2 年）

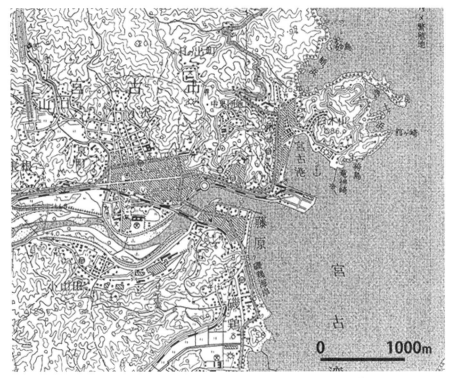

図 1-2-c　1969 年（昭和 44 年）編集の 5 万分の 1 地形図「宮古」

に「宮古港」が第二種重要港湾に指定されての港湾施設整備の一環として機能が強化されたことを示す事例の一つであり，当時，陸上での物流システムの主役を担った鉄道が海上での物流システムと直結したことを意味している。そして，宮古港は 1951 年（昭和 26 年）に重要港に指定され，三陸沿岸地域での陸と海をつなぐ物流拠点の主要地の一つとしての機能を強めていく。

　1969 年（昭和 44 年）編集の 5 万分の 1 地形図を見ると（図 1-2-c），高度経済成長期のおよそ 15 年で道路網が発達したことが分かる。1953 年（昭和 28 年）に県道から昇格していた二級国道 106 号宮古盛岡線が 1965 年（昭和 40 年）に国道 106 号に昇格し，また同年に三陸沿岸を貫く国道 45 号が市域を含めて全線で開通した。一方，沖積平野では住宅や公共施設や工場などで大半が占められよう

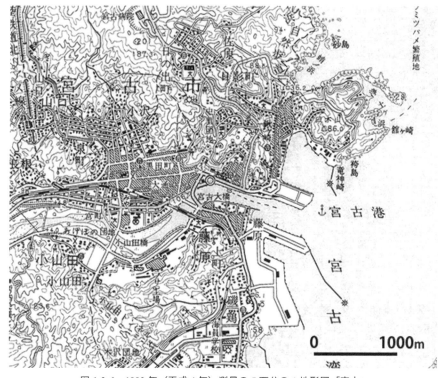

図 1-2-d　1992 年（平成 4 年）測量の 5 万分の 1 地形図「宮古」

になり，中心市街地近郊の山地・丘陵地が造成されて「中里団地」が 1965 年（昭和 40 年）3 月に完成した。このように，これまで沖積平野を中心に分布していた市街地（≒居住地）が垂直的に広がりをみせ始めたことは，日本全国での団地造成の傾向とほぼ同調する現象である。これは，車の使用を前提にした「まちづくり」が宮古市でも進められ始めたことを表しており，産まれる子どもの数が死者の数よりも多い「人口自然増」の人間社会の勢いに支えられたものでもあった。

　なお，閉伊川河口左岸の「藤原」が埋め立てられて 1969 年（昭和 44 年）には藤原埠頭に 4 万トン級岸壁が完成しているが，同年編集地形図（図 1-2-c）には前年測量の 2.5 万分の 1 地形図のデータが反映されているために描かれていない。

　1992 年（平成 4 年）地形図を見ると（図 1-2-d），山地・丘陵地での開発およ

び交通網の多様化が進んでいったことが分かる．まず，地図の西側では，1968年（昭和43年）に「山口」に山口団地が完成し，宮古駅西側の閉伊川沿いの沖積平野に市街地が整備された．また，1972年（昭和47年）に開業して田老－宮古間を結んだ国鉄宮古線が，1984年（昭和59年）4月1日に三陸鉄道北リアス線となった．一方，国道45号線が改築工事で閉伊川河口付近の沖積平野左岸から北側の山地・丘陵地の方へ上がる形で付け替えられて1971年（昭和46年）に開通した（翌年1972年に国道45号線全線開通）．これに伴い「佐原」に住宅地が造成され，宮古病院も宮古駅前から国道45号線沿いの標高約160mの造成地に1992年（平成4年）6月に移転している．また，閉伊川南側の地域では，「八木沢団地」が1972年（昭和47年）に完成し，小山田トンネルが1992年（平成4年）3月に開通し，磯鶏西側の沖積平野の市街地化が始まった．

以上のように，宮古では，藩政期から大正期までは海側を中心に発達し，昭和初期に鉄道が敷設されてから市街地が西側に水平方向に延び，昭和40年代以降から高台に団地などができることによって垂直方向に市街地が拡大した．このような過程を経て，三陸沿岸の他市町村に比べて重心が高く陸側に寄った市街地が形成された．結果として，この市街地の特性が，2011年3月11日の津波時に被災が相対的に小さくなった素因の一つとなり，その後の復旧・復興において三陸沿岸の中でも相対的な進行の早さにつながっていった．

c）宮古市の被災者の経済力

災害で被災した場合，元来，国などの公的機関からの支援や援助は基本的になく，被災者は本人の資金で生活再建するしかなかった．しかし，1947年（昭和22年）10月18日に災害救助法が公布されて以降は，生命や財産にかかわる被災の度合いに応じて一定の「補助」が被災者に施されるようになった．東日本大震災時には，災害弔慰金支給法（1973年）や被災者生活再建支援法（1998年）などによって，例えば，生計維持者が死亡した場合には市町村条例で定める額として「500万円以下」，居住する住家が全壊等した場合の基礎支援金として「100万円」および住宅を「建設・購入」で再建する場合の加算支援金として「200万円」が，生活基盤に著しい被害を受けた世帯に対して基本的に支給された（内閣府2013）．他に貸付や就学での奨励や援助，地方税・国税の特別措置，医療保険

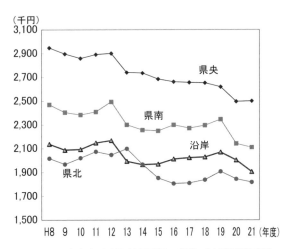

図 1-3　一人当たり市町村民所得の推移（広域振興圏別）
「岩手県の市町村民所得推計の推移〔調査分析レポートNo. 23-13〕
平成 24 年 3 月 21 日」より編者が作成。

の保険料・窓口負担の減免などにかかわる制度によって継続的に経済的な支援がなされている。また，市町村独自の支援金制度があり，市町村によって差がある。一方，世界や日本全国のみなさまからのご厚意によって寄せられた義援金の配分額のうち，「全壊」にかかわって国・県から配分された額は，岩手県では一世帯当たり 170 万円弱であった。従って，津波被災地において「居住する住家が全壊し，新たに住宅を建設・購入する世帯」には，「約 470 万円＋α」が直接的に支払われた支援金および義援金の上限額であったものとみなすことができるだろう。

　宮古市に居住する人びとが既存の敷地に自宅を再建する場合，編者の知人友人の実例などに基づくと概ね 1000 万〜 2000 万円掛かる人が多く，再建までの生活費も必要なこと含めて考えると，支援金の上限額「約 470 万円＋α」のみでは自宅の再建は明らかに不可能であるようだ。少なくとも 1000 万円以上の貯蓄や資産などがある世帯でないと，新たに住宅を建設・購入することはできず，津波で浸水しなかった他の土地に自宅を建てるとなると，さらに経済的に豊かでないと実現することはできない。

　東日本大震災より十数年前（1996 〜 2009 年）についての岩手県での「一人当たり市町村民所得の推移」をみると（図 1-3），「沿岸」での平均所得は 200 万円

程度であり，期間を通じて減少傾向にあった。つまり，この額は，所得税などを差し引くと月々手取り 10 万円強といったところであり，古くからの自宅などがあって何とか生活を成り立たせることができる程度の額であったことが分かる。

　従って，多くの方々はここ十数年で預貯金を大幅に増やすことは難しかったものと思われ，支援金をほぼ最大限に支給されても自宅を再建できる経済的な備えが十分にあった被災者が少なかったであろうことが想像できる。そして，その備えがなく，特に年金暮らしの高齢者であれば，金融機関などから資金を借り入れることもできず，自宅再建を諦めるしかなかった方々が多かったはずだ。

　また，宮古市宮古地区などの場合，津波被災前には，古びた借家に住み家賃を月々支払っていた方々や借地に建てた自宅に住み「土代賃（どしろちん）」を払っていた方々が多くいた。このような借家の跡地や借地には，地主の意向が強く反映されて「高額」な賃貸アパートなどが建設され，主として期間限定で訪れた「復旧・復興工事」関係者の住家に利用されているために，借家や借地の自宅に住んでいた方々は，被災前の「住家」があった従前地にもどることができなくなった。

2．東日本大震災の概要

　東北地方太平洋沖地震が 2011 年 3 月 11 日 14 時 46 分に発生した。岩手県宮古市でも地震のゆれは「長く激しかった」というが，死者・行方不明者の発生や建物の倒壊・破損などの被害は比較的少なかった。しかし，地震による海底地形の大きな変化で生じた巨大な津波が東日本の太平洋沿岸に数十分以降に押し寄せ，沖積平野などの低平地に立地する集落などを破壊した。

　地震や津波の発生にかかわるメカニズムなどの説明については他の研

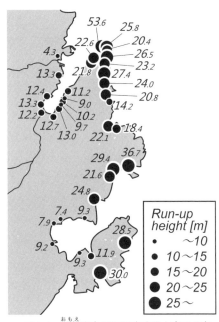

図 1-4　重茂（おもえ）半島周辺の津波遡上高の分布
今野他（2011）．

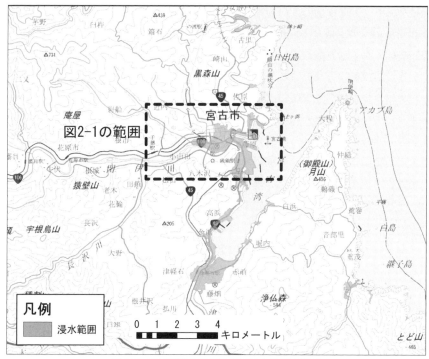

図 1-5　岩手県宮古市での津波による浸水範囲
国土地理院「浸水範囲概況図⑥」「地理院地図」より作成。

写真 1-2　宮古市鍬ヶ崎地区に打ち上げられた観光船
防潮堤がなかった鍬ヶ崎地区では，津波の直撃を受けて家々が流失し，港周辺の街並みが壊滅した。2011 年 3 月 20 日撮影。

写真 1-3 津波で被災した山田町大浦地区から見える山田地区の火災
山田町山田地区では，津波火災が発生し，その後 3 日間も燃え続けた。
野田義則氏 2011 年 3 月 13 日撮影。

究者の論考に委ねることとして，宮古市および山田町に襲来した津波の高さについて，今野ほか（2012）を引用する（図1-4）。重茂半島や船越半島の外洋に面した部分では津波のエネルギーが直接伝わったことから遡上高が概ね 20 ～ 30m となり，宮古湾や山田湾の内側では，ほぼ 10m 前後の遡上高であったことが分かる。そして，宮古湾内では宮古地区や津軽石地区などに津波が襲来し，前述の沖積平野の低平地を中心に防潮堤を越えて侵入・浸水せしめ（図1-5），海沿いの集落を中心に甚大な被害を与えた（写真1-2, 1-3）。

　なお，東日本大震災の発災による被災の概要を東日本の主な都道県で比較すると，太平洋に面さない県では被害が小さい（表1-1）。その後の福島第一原子力発電所の事故による放射能災害を除くと，東日本大震災は概ね巨大な津波に起因する広域での激甚な大災害であったことが分かる。そして，津波による被害は，それぞれの都道県での沿岸に面する市町村で生じていることは説明するまでもなく，表1-1 の各県の被害は，沿岸市町村に偏って分布していることをあえて強調したい。

（岩船昌起）

表 1-1　東日本大震災の発災による被害の概要

	死者（人）	行方不明者（人）	全壊（戸）	半壊（戸）
北海道	1			4
青森	3	1	308	701
岩手	4673	1124	19597	6571
宮城	9541	1236	82999	155129
秋田				
山形	2			
福島	1613	197	15171	79032
東京	7		15	198
茨城	24	1	2629	24369
栃木	4		261	2118
群馬	1			7
埼玉			24	199
千葉	21	2	801	10152
神奈川	4			41
全国	15894	2561	121805	278521

警察庁緊急災害警備本部広報資料(平成28年3月10日)より編者が作成。
https://www.npa.go.jp/archive/keibi/biki/higaijokyo.pdf

【参考文献・URL】
- 宮古市ホームページ／市民の皆さんへ／産業/雇用／開港400周年／港の近代化
  http://www.city.miyako.iwate.jp/kanko/port_400/history/miyako_port_after_meiji_era.html
- 宮古市ホームページ／市民の皆さんへ／宮古市ガイド／市勢要覧
  http://www.city.miyako.iwate.jp/index/shimin/shiseiyoran.html
- 宮古市ホームページ／東日本大震災の「記録」
  http://www.city.miyako.iwate.jp/kikikanri/shinsai_kiroku.html
- 宮古市ホームページ／ 東日本大震災にともなう対応状況
  http://www.city.miyako.iwate.jp/cb/hpc/Article-1493-6543.html
- 内閣府政策統括官(防災担当)，被災者支援に関する各種制度の概要(東日本大震災編)．2013年・平成25年6月30日．
- 警察庁緊急災害警備本部広報資料（2016年・平成28年3月10日）
  https://www.npa.go.jp/archive/keibi/biki/higaijokyo.pdf
- 今野明咲香・吉木岳哉・佐野嘉彦 2012．2011年東北地方太平洋沖地震による重茂半島周辺の津波遡上高の分布．季刊地理学，63 (3)，147-152．
- 国土地理院「浸水範囲概況図⑥」
  http://www.gsi.go.jp/common/000059841.pdf
- 「岩手県の市町村民所得推計の推移〔調査分析レポートNo. 23-13〕2012年・平成24年3月21日」

仮設住宅と住民の概要

1. 避難所開設の概要

　避難所開設および運営の概要については，東日本大震災初期に宮古市が各避難所に提供した資料「避難所への情報提供（宮古市 HP）」から集計した避難所・避難者数などの変化に基づき，編著者が宮古市でランダムに聞き取った知見も交えてその様子を以下に記す。今後，系統的な調査を行い，検証する予定である。
　津波で被災した方々の多くは，発災以降数日間，発災時に逃げ込んだ避難所あるいは親戚友人知人宅などで過ごした。津波の浸水で低標高地の道路が通行でき

写真 2-1　宮古市第二中学校体育館に開設された避難所
発災当日，石油ストーブ 2 つの体育館に避難した人びとは 1 人毛布 1 枚で過ごしたという。気温は 10℃弱だったであろうか。2011 年 3 月 18 日撮影。

なくなり，地元の建築業者や自衛隊などによる応急作業が完了するまで発災時に逃げ込んだ避難所などで過ごすしかなかったという。また，道路の不通だけでなく，停電などによって電話・携帯電話が利用できなくなったこともあり，孤立した地区や自宅と連絡が取れなくなった。このため，特に発災当日11日の避難者数については，宮古市では正確に把握できていない。

　宮古市では，3月12日に避難者数を8468人と発表しているが（図2-1），12日の時点で連絡が取り合えていなかった避難所などでの避難者数は含まれていないと推測され，14日以降での追加された避難所数や緊急支援物資数（≒避難者数）の変化，宮古市の沿岸地区で9088棟の住家等が津波で被害を受けた結果なども考慮すると，11日当日は宮古市全体で自宅外で避難生活を送った人はどんなに少なく見積もっても1万人を超えていたものと思われる。

　その後，緊急支援物資数（≒避難者数）が3月12日から19日までに約3000人分減り，さらに19日から25日までに約1300人分が減った（図2-1）。応急作業終了による道路不通の解消によって自宅や親戚知人宅などに移動し，避難所を去って行ったものと思われる。3月25日から緊急支援物資数が4500人分程度で31日までほぼ一定となるが，4月1日を機に避難所の統廃合が行われ，避難所数が40強カ所に減り，緊急支援物資数も4000人分を下回り，さらに徐々に減っていった。発災から1カ月過ぎた4月11日を機に再度避難所の統廃合が行われ，

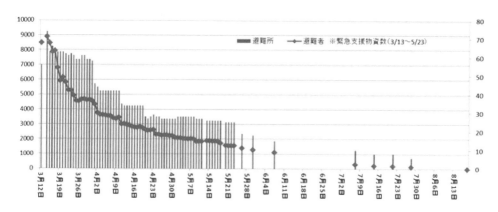

図 2-1　宮古市での避難者・避難所数の変化
（2011年3月12日～8月18日）
宮古市資料「避難所への情報提供」より作成。

写真 2-2　宮古市立第二中学校避難所での仮設住宅説明会
当時の校長先生立会いの下，宮古市建築住宅課課長から仮設住宅の入居にかかわる説明が被災者に対して行われた。2011 年 5 月 16 日撮影。

避難所数が 35 カ所に減り，緊急支援物資数がほぼ 3000 人分を下回る。そして，4 月 20 日に第三回目の統廃合が行われ，避難所数が 30 カ所を下回り，緊急支援物資数も徐々に減り，5 月 23 日の時点で避難所数 25 カ所，緊急支援物資数 1560 人分となった。

　なお，4 月 20 日に緊急支援物資数 2624 人分の時点で，宮古市が記者発表した避難者数は 1946 人である。この時点では，避難所周辺の半壊等で被災した方々が訪れて緊急支援物資の配給を受けていた避難所もあったものと思われ，実際の避難者数より約 600 人多くなっている。また，5 月 23 日に緊急支援物資数 1560 人分で，3 日後の 26 日に避難者数 1402 人であり，この頃では，両者の差が約 150 人しかなく，避難者数および避難所の運営もほぼ安定していたものと思われる。

　5 月 24 日以降については，避難者数が基本的に毎日集計・発表されなくなり，不定期でのある時点の人数しか分からないものの，徐々に人数が減っていることが分かる。7 月 29 日の時点で，避難所は 6 カ所となり，避難者も宮古市民総合体育館 61 人（宮古地区），山口小学校 17 人（宮古地区），鍬ヶ崎小学校 20 人（鍬ヶ崎地区），宮古第二中学校 14 人(鍬ヶ崎地区)，藤原小学校 17 人（宮古地区），グリーンピア三陸みやこ田老 10 人（田老地区）の計 139 人に減った。そして，お盆（8

月13～16日）前の8月5日に「岩手県被災者向け『住まいのホットライン』窓口」が終了し、被災者全員の仮設住宅入居にほぼ目処が立ったことが分かる。最終的に報告された8月18日時点では、中里団地市営住宅が避難所とされており、避難者4人は事実上「みなし仮設」的な形で市営住宅に入居し、体育館や学校などの避難所は閉じられた。従って、もっとも長い方でも、発災した3月11日からおよそ5カ月で避難所生活が終了したことが分かる。

2．仮設住宅供給の概要

　災害救助法とのかかわりで、「全壊」などで自宅が滅失した被災者には仮設住宅が供給される。宮古市では、62地区に仮設住宅団地（以下、仮設団地）が2011年3～6月に着工され、2010戸が2011年4～7月に完成した（2012年2月7日現在：表2-1）。数カ月の避難所などでの避難生活を経て、2011年5月以降で仮設住宅での新たな暮らしが始まった。仮設住宅は、学校地や公園など、市や県の公有地など62地区に2010戸が建設され、1924戸に約3900人の被災者が

表2-1　宮古市での「応急仮設住宅着工団地一覧」（2012年2月7日現在）

番号	名称	住所（いずれも宮古市）	合計（戸）	1DK	2DK	3K	着工	完成予定
宮1	宮古市田老仮設団地	田老字向新田148	248	38	172	38	3/25	4/30
宮2	宮古市中里仮設団地	中里団地1	81	12	57	12	3/30	4/27
宮3	宮古市西ヶ丘仮設団地	西ヶ丘1-1	35	6	24	5	4/8	5/4
宮4	宮古市磯鶏仮設団地	磯鶏地内	90	15	60	15	4/8	5/11
宮5	宮古市赤前仮設団地	赤前第11地割49-2	78	18	42	18	4/13	5/13
宮6	宮古市近内仮設団地	近内第3地割地内	43	11	22	10	4/13	5/13
宮7	宮古市田老第2仮設団地	田老字向新田148	37	11	15	11	4/13	5/11
宮8	宮古市津軽石仮設団地	津軽石第14地割地内	29	0	29	0	4/15	5/9
宮9	宮古市田老第3仮設団地	田老字向新田148	122	20	82	20	4/21	5/29
宮10	宮古市田老第4仮設団地	田老字西向山樫内地内	35	9	18	8	4/21	5/23
宮11	宮古市津軽石第2仮設団地	津軽石第14地割38-3	22	0	22	0	4/22	5/26
宮12	宮古市音部仮設団地	音部第3地割地内	32	0	32	0	4/22	5/30
宮13	宮古市重茂仮設団地	重茂第1地割地内	12	0	12	0	4/21	5/25
宮14	宮古市重茂第2仮設団地	重茂第11地割地内	13	0	13	0	4/22	6/9
宮15	宮古市重茂第3仮設団地	重茂第29地割地内	4	0	4	0	4/22	5/25
宮16	宮古市崎山仮設団地	崎山第3地割地内	44	0	44	0	4/22	5/19
宮17	宮古市日立浜町仮設団地	日立浜町4	30	0	30	0	4/22	6/13
宮18	宮古市茂市仮設団地	茂市第5地割5-2	60	8	45	7	4/29	5/29
宮19	宮古市重茂第4仮設団地	重茂第2地割地内	15	4	8	3	4/29	5/30

表2-1 つづき

番号	名称	住所（いずれも宮古市）	合計(戸)	1DK	2DK	3K	着工	完成予定
宮20	宮古市愛宕仮設団地	愛宕1丁目4-6	45	7	32	6	4/29	5/29
宮21	宮古市白浜仮設団地	白浜第2地割90-1	13	0	13	0	4/29	5/23
宮22	宮古市高浜仮設団地	高浜1丁目2	44	0	44	0	4/29	6/17
宮23	宮古津軽石第3仮設団地	津軽石第12地割地内	26	0	26	0	4/29	6/22
宮24	宮古市実田仮設団地	実田2-1	34	0	34	0	4/29	5/27
宮25	宮古市宮町仮設団地	宮町3-7	24	0	24	0	5/6	6/24
宮26	宮古市上村仮設団地	上村1-7	12	0	12	0	5/6	6/29
宮27	宮古市八木沢仮設団地	八木沢2-8-5	16	0	16	0	5/6	6/3
宮28	宮古市西町仮設団地	西町2-4	12	0	12	0	5/6	6/10
宮29	宮古市田の神仮設団地	田の神2-4-3	12	0	12	0	5/6	6/10
宮30	宮古市山口仮設団地	山口2-1-2	15	0	15	0	5/6	6/10
宮31	宮古市崎山第2仮設団地	崎山第1地割34-3	7	0	7	0	5/6	6/2
宮32	宮古市近内第2仮設団地	近内第11地割地内	10	0	10	0	5/6	6/4
宮33	宮古市宮町第2仮設団地	宮町4-5-5	16	0	16	0	5/6	6/24
宮34	宮古市板屋仮設団地	板屋2-4	22	0	22	0	5/6	6/13
宮35	宮古市南町仮設団地	南町6	24	0	24	0	5/6	6/29
宮36	宮古市津軽石第4仮設団地	津軽石第16地割荷竹地内	82	0	82	0	5/6	6/29
宮37	宮古市西ヶ丘第5仮設団地	西ヶ丘4-5	14	0	14	0	5/6	6/4
宮38	宮古市西ヶ丘第2仮設団地	西ヶ丘1-8-4	14	0	14	0	5/6	6/8
宮39	宮古市西ヶ丘第3仮設団地	西ヶ丘2-6	18	0	18	0	5/6	6/8
宮40	宮古市西ヶ丘第4仮設団地	西ヶ丘3-11	24	0	24	0	5/6	6/4
宮41	宮古市長町仮設団地	長町1-7-2	12	0	12	0	5/6	6/13
宮42	宮古市佐原仮設団地	佐原2-9-1	11	0	11	0	5/6	6/10
宮43	宮古市田鎖仮設団地	田鎖第3地割字袴沢1	50	0	50	0	5/27	7/14
宮44	宮古市藤原仮設団地	藤原3-8	28	0	28	0	5/27	7/20
宮45	宮古市重茂第5仮設団地	重茂第1地割地内	8	0	8	0	5/27	7/14
宮46	宮古市日影町仮設団地	日影町143-1	10	0	10	0	5/27	7/4
宮47	宮古市田老第6仮設団地	田老星山54	7	7	2	3	6/3	7/1
宮48	宮古市熊野町第2仮設団地	熊野町6	30	0	30	0	6/13	7/11
宮49	宮古市田鎖第2仮設団地	田鎖第9地割60-6	27	0	27	0	6/17	7/11
宮50	宮古市日の出町仮設団地	日の出町7-1	96	24	48	24	6/19	7/22
宮51	宮古市小山田第2仮設団地	小山田4-6	14	2	10	2	5/17	6/24
宮52	宮古市小山田仮設団地	小山田1-1	10	1	8	1	5/17	6/24
宮53	宮古市熊野町仮設団地	熊野町6	20	3	14	3	5/17	6/20
宮54	宮古市西町第2仮設団地	西町1-4	20	3	14	3	5/27	7/2
宮55	宮古市長町第2仮設団地	長町2-5	13	2	9	2	5/27	7/2
宮56	宮古市和見町仮設団地	和見町9-29	16	3	10	3	5/27	7/8
宮57	宮古市上鼻仮設団地	上鼻2-40-8	12	2	8	2	5/27	7/8
宮58	宮古市松山仮設団地	松山第6地割地内	37	5	26	6	5/27	7/20
宮59	宮古市田老第5仮設団地	田老字西向山樫内地内	33	0	27	6	5/27	7/20
宮60	宮古市西ヶ丘第6仮設団地	西ヶ丘1-1	15	3	9	3	5/27	7/8
宮61	宮古市佐原第2仮設団地	佐原3-7	12	0	12	0	5/27	7/12
宮62	宮古市日立浜町第2仮設団地	日立浜町11	15	2	11	2	6/3	7/25
	計		2010	216	1586	213		

※岩手県資料より作成。

2011年8月までに入居した。

仮設住宅への入居者の選定については，宮古市では希望者の意向を尊重するものの，「抽選」を行わずに従前のコミュニティをある程度維持し，従前地の人びとが同じ仮設団地でまとまって「ご近所」となれるようにした。また，小中学校に通う児童・生徒の転校がないように，児童・生徒が暮らす世帯については学区内の仮設団地に優先的に住まわせるように配慮したという。

宮古市に建設された仮設住宅は，大きくは，①プレハブ形式（プレハブ建築協会規格建築部会に登録するプレハブリースメーカー），②住宅形式（同住宅部会に登録するハウスメーカー），③地元住宅形式（地域枠として公募選定された地元住宅メーカーなど）のいずれかによって建てられている（※注：宮古市を含む岩手県での仮設住宅供給にかかわる情報は，大水（2013）にまとめられている）。

3. 調査対象となる仮設住宅団地

このうち，本章では，宮古市の中心市街地を取り囲む9つの仮設団地に注目する（図2-2）。これらの仮設団地については，2012年4～12月に聞き取り調査を行い，年齢，津波で被災する前に住んでいた場所（従前地）などについて，おおよそ全住民について明らかにした。表2-2の「建築」タイプは，宮古市で建設さ

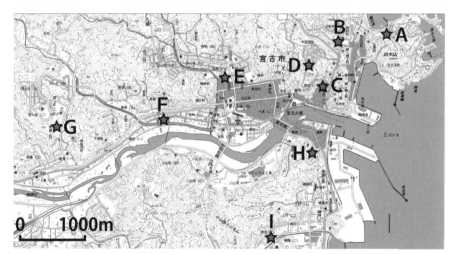

図2-2　宮古市中心市街地周辺で調査した仮設住宅団地
国土地理院HP「ウォッちず」より作成。地図表記は震災前の状況を示している。

表 2-2 調査した仮設住宅団地の概要

仮設	建築	平均	男	女	標高 (m)	立地	距離 (km) ※	従前地
H	住宅	60.3	59.4	61.1	5	沖積	4.9	遠地
C	プレハブ	58.1	57.6	58.7	10	沖積	0.8	隣接
B	住宅	57.9	58.2	57.5	8	沖積	0.4	隣接
I	地元	54.2	52.5	55.5	9	沖積	1.5	近地
D	プレハブ	53.6	44.3	61.8	105	高台	> 2.0	近地
G	プレハブ	48.6	44.4	51.7	25	高台	16.6	遠地
E	地元	46.2	44.7	47.8	4	沖積	1.7	近地
F	住宅	44.1	42.3	45.9	4	沖積	6.8	遠地
A	地元	-	-	-	60	高台	> 1.0	近地

※ 仮設住宅の上下での配列は，平均（年齢）の値を基準に，高いものを上とした。
※ 距離は，各仮設団地ごとの全住民の従前地から仮設団地までの道のりの平均値を示す。

れた仮設住宅のタイプであり，前述の通り「プレハブ」形式，「住宅」形式，「地元住宅」形式の3つに分類される。「平均」「男」「女」については，「全住民の平均年齢」「男の平均年齢」「女の平均年齢」である。行政に保管されている正確な個人情報と異なり対象者の同意を得て独自に調査した結果によるものであるために，凡その目安として見て頂きたい。2012年の宮古市の平均年齢49.5歳と比較すると，仮設団地の5つで高く，3つで低い。Aについては全住民について調査できず「不明」であった。また，仮設団地の立地が標高20mを目安に，人が移動する上で心拍数が上がるような比高15mを超える「坂」が明瞭にあるかないかを基準として，ある場合には「高台」型，ない場合には「沖積」型とした。また，従前地から仮設団地までの距離（道のり）の平均値を目安に，1km未満を「隣接」型，1km以上4km未満を「近地」型，4km以上を「遠地」型とした。これらについては，本来，第6章で明らかにするものであるが，先に掲載した方がこの先を読み進める上で理解が進むと考えて，先に記載することとした。

(岩船昌起)

【参考文献・URL】
・宮古市 HP「避難所への情報提供」
　http://www.city.miyako.iwate.jp/kikaku/hinanjo_joho.html
・岩手県 HP「応急仮設住宅の建設にかかわる進捗状況について」
　http://www.pref.iwate.jp/kenchiku/saigai/kasetsu/009714.html
・大水敏弘（2013）『実証・仮設住宅－東日本大震災の現場から』学芸出版社．

III 仮設住宅の温湿度環境と高齢者の生活

1. 室内気候と居住者の働きかけ

　東日本大震災によって建築された仮設住宅の室内では，「冬季の結露」「カビの発生」「夏季の暑さ」などの「困りごと」が住民からあがり，特にプレハブ仮設住宅での生活環境の劣悪さが一般に知られるようになった。そのような状況については建築学系の研究者が注目し，仮設住宅建設直後から温熱環境や空気環境が観測され（例えば，本間 2012，柳ほか 2013 など），主として仮設住宅の設計建築の改善に帰すための資料を得る目的で研究されていた。

　一方，編者らは，仮設住民の生活を総合的に明らかにする上で，生活環境の一部としての仮設住宅の室内気候に注目し，三陸沿岸の風土で，また主として木造家屋の中で生活してきた被災者が，仮設住宅という"器"が提供する潜在的な室内気候に対してどのように向き合い，具体的な行動で室内気候を改善していたかを明らかにする視点から調査を行ってきた。宮古市の仮設住宅で 2012 年 3 月から観測し始めた温湿度環境にかかわる研究の詳細については，髙橋・岩船（2015）などに報告されており，詳細はそちらを参考にして頂きたい。

　本章では，居住者が居ない状態での建築タイプ別の仮設住宅の室内気候，およびプレハブ仮設内で居住者がつくり出す室内気候などについて取り上げ，仮設住宅に入居することが決まった時点で室内気候を中心とする居住環境に対して「居住者の健康」を維持する観点からの留意点について記述する。

　なお，観測で用いた温湿度計および温度計は，エスペックミック株式会社のサーモレコーダーミニと株式会社ティアンドデイのおんどとり Jr である。室温は壁面から 20 cm 程度離したセンサで計測した。また，観測データの分析には，自動記録した 1 時間ごとの正時のデータを用いた。より詳細な調査方法などについては，フリーアクセスが可能な髙橋・岩船（2015）を参照願いたい。

表 3-1 仮設住宅の構造や断熱材の主な仕様

	① プレハブ形式	② 住宅形式	③ 地元住宅形式
構造	軽量鉄骨造 (ブレース構造)	木造	木造
屋根	ルーフデッキ 88, 厚さ 0.6 ㎜ 裏ポリウレタン貼	折版屋根, ガルバリウム鋼板 厚さ 0.6 ㎜以上	ルーフデッキ 88, 厚さ 0.6 ㎜ 裏フネンエース貼
天井面・ 表面の材質	カラーベニヤ	化粧石膏ボード, 厚さ 9.5 ㎜	化粧石膏ボード, 厚さ 9 〜 10 ㎜
天井・断熱材	グラスウール 10 kg /m³, 厚さ 50 ㎜＋発砲ポリスチレンフォーム 3 種, 厚さ 35 ㎜	グラスウール 24 kg /m³, 厚さ 50 ㎜	ロックウール 25 kg /m³, 厚さ 100 ㎜
外壁・ 表面の材質	カラー鉄板 (サンドイッチパネル), 厚さ 0.35mm	金属系サイディング, 厚さ 16 ㎜	金属系サイディング, 厚さ 13 ㎜
壁・断熱材	グラスウール 10 kg /m³, 厚さ 50 ㎜	グラスウール 24 kg /m³, 厚さ 50 ㎜	グラスウール 10 kg /m³, 厚さ 100 ㎜, 界壁：グラスウール 10 kg /m³, 厚さ 50 ㎜
床面・ 表面の材質	パネル敷	バッカー付カーペット	タイルカーペット
床・断熱材	発泡スチロール, 厚さ 40 ㎜	グラスウール 24 kg /m³, 厚さ 50 ㎜	発泡プラスチック系断熱材 厚さ 50 ㎜
床面の高さ	457 ㎜	540 ㎜	455 ㎜
天井高	2,393 ㎜	2,275 ㎜	2,200 ㎜

2. プレハブ形式と住宅形式での温湿度環境の違い

　宮古市に建設された仮設住宅は，Ⅱ章で記述した通り，大きくは，①「プレハブ」形式（プレハブ建築協会規格建築部会に登録するプレハブリースメーカーによる），②「住宅」形式（同住宅部会に登録するハウスメーカー），③「地元」住宅形式（地域枠として公募選定された地元住宅メーカーなど）のいずれかによって建てられている。まずは，居住者が生活していない状態での 3 つのタイプの仮設住宅の室内での温湿度環境を比較したい。

　それぞれの形式での仮設住宅において室内気候にかかわるだろう構造や断熱材の主な仕様については，表 3-1 の通りである。それぞれのタイプにおいても実際には施行業者が異なり，細かいところで仕様に違いがあるはずだが，まとめて考えれば，①「プレハブ」形式（以下，プレハブ仮設）が軽量鉄骨造りであるのに対して，②「住宅」形式（以下，住宅仮設）および③「地元」住宅形式（以下，地元仮設）では主として木造であることが大きな違いとなっている。建材となる鉄と木を比較すれば，鉄は木に比べて比熱が小さく，暖まりやすく冷めやすい特徴を持つ。また，仕様で断熱材について比較すると，プレハブ仮設の方が住宅仮

写真 3-1　宮古市愛宕小学校に造られた C 仮設団地
建設途中の「プレハブ」形式の仮設住宅。寒冷地仕様でなく，阪神淡路大震災時に供給された仮設住宅とほぼ同じ仕様であった。2011 年 5 月 16 日撮影。

写真 3-2　宮古市郊外の赤前小学校仮設団地
「プレハブ」形式の仮設住宅。追加工事として，風除室や壁面の外断熱工事，アプローチ道路の舗装などが行われた。2013 年 6 月 17 日撮影。

III　仮設住宅の温湿度環境と高齢者の生活　23

写真 3-3　公園に造られた佐原仮設団地
「住宅」形式の仮設住宅。大手住宅メーカーが施工した仮設住宅で一般住宅に近い造りで断熱性能が高い。2011 年 5 月 21 日撮影。

写真 3-4　西公園に造られた E 仮設団地
「地元住宅」形式の仮設住宅の一つ。木造であるが、天井がなくて広々としている分「寒い」という。2013 年 4 月 20 日撮影。

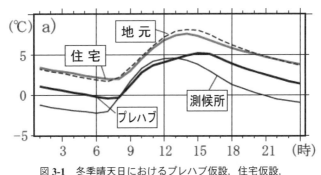

図 3-1 冬季晴天日におけるプレハブ仮設,住宅仮設,地元仮設の室温日変化(居住者なし)
147事例の平均。いずれも居間の床上150cmにおける観測値。

設や地元仮設に比べて,量や厚さが少なく薄い印象を受ける。また,岩手県のプレハブ仮設については,住民が居住する時間が長い寝室や居間の壁面に外断熱と二重窓が施され,玄関に風除室と網戸が付けられる追加工事が2011年8月以降に行われ,寒冷地に対応できるように断熱効果の改善が図られたというが(大水2013),「その効果は十分でない」と工事段階から疑問視する建築家も多数いた。

3タイプの仮設住宅での冬季晴天日の気温日変化を比較する(図3-1)。宮古測候所の気温は13時に極大があり,各仮設の室温はそれから少し遅れた14〜15時に極大となる。住宅仮設や地元仮設の室温は,一日を通して測候所の気温に比べて高く,特に夜間では5℃程度高い値で推移する。一方,プレハブ仮設の室温は,5〜13時以外は測候所の気温よりも高い。また,プレハブ仮設は,住宅仮設や地元仮設に比べると一日中1.7〜3.4℃低く,13時で最大3.4℃の温度差となる。

次に,夏季晴天日の気温日変化を3つの仮設住宅で比較する(図3-2)。測候所の気温は11〜13時に極大があるが,各仮設の室温は14〜16時に極大がある。このうちプレハブ仮設の室温の極大は16時に現れており,他の仮設よりも極大を示す時間が遅い。各仮設の室温を比較すると,夜間は冬季ほどの大きな差がみられないものの,冬季と同様にプレハブ仮設の室温が住宅仮設や地元仮設に比べて低く,その差は0.8〜1.7℃を示している。ところが,日中はプレハブ仮設の室温の方が住宅仮設や地元仮設の室温よりも約1℃高温になっている。図でデータを示さないが,日射量が小さくなる夏季の非晴天日における室温日変化が,夜

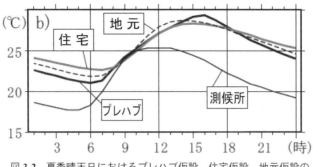

図 3-2 夏季晴天日におけるプレハブ仮設,住宅仮設,地元仮設の室温日変化(居住者なし)
2013 年の 32 事例のみの平均。いずれも居間の床上 150cm における観測値。

間,日中を問わずに仮設間での室温差が非常に小さかったことも考慮すると,夏季晴天日の日中のような日射量が非常に大きな時には,プレハブ仮設で住宅仮設および地元仮設より高い室温が現れ,夏季を含めた夜間や冬季などの日射量が小さな時には,プレハブ仮設でより低い室温が現れている。

また,図を提示しないが,仮設の傍での 150 cm 高の外気温をプレハブ仮設と住宅仮設で観測した値を比較すると,プレハブ仮設の立地周辺の方が住宅仮設のそれに比べて外気温の日較差が小さかった。それにもかかわらず,プレハブ仮設の室内では,住宅仮設のそれに比べて夏季などで夜から朝までが低温で昼過ぎが高温である。そして,冬季には住宅仮設および地元仮設に比べてプレハブ仮設の室内では一日中低温である。

以上のような冬季と夏季の室温変化の傾向は,プレハブ仮設の断熱効果が小さい建材や造りが反映されたものと思われる。つまり,東日本大震災初期に造られた「軽量鉄骨造り」のプレハブ仮設は,「木造」と比較して建材の「鉄」そのものの比熱の小ささや,表 3-1 で示した断熱材の量と厚さの少なく薄い状態から,断熱効果が小さい家屋であることが温湿度観測データからも裏づけられた。

3. 冬季の低温と「ストーブを一日中つけない」生活習慣

続いて,居住者が生活するプレハブ仮設での室内気候について考察する。

70 代女性が一人暮らしするプレハブ仮設住宅の居間の床上 150cm の室温日変

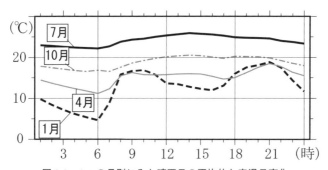

図 3-3　4つの月別にみた晴天日の平均的な室温日変化
70代女性が独居するプレハブ仮設住宅での 2012 年 10 月，2013 年
1月，4月，7月における居間の床上 150cm の気温データに基づく。
髙橋・岩船（2015）より。

化（晴天日平均，冷暖房日の区別無し）を 1，4，7，10 月の 4 つの月についてみてみると（図 3-3），7 月や 10 月の室温は日中に極大をもつ一山型の日変化であるのに対して，1 月や 4 月は 8 〜 10 時と 20 〜 22 時の二つの時間帯に極大をもつ二山型の日変化を示している。

　1 月と 4 月の二山型の室温日変化は，70 代女性が使用する反射式石油ストーブの暖房の効果が現れた結果と考えられる。宮古市の高齢者世帯の場合，寒い季節には起床後の 2 〜 3 時間と夕食後就寝までの 2 〜 3 時間に石油ストーブに火をつけ，外気温が上がり家事などの身体活動を行う日中には「油がもったいねぇ」といってストーブを消すことが一般的である。冷温帯に属するものの内陸に比べて沿岸では寒さがそれほど厳しくなく，かつ灯油代を節約する観点からも生まれた「ストーブを一日中つけない」という三陸沿岸の高齢者の多くが行う生活習慣であり，この 70 代女性も，仮設住宅に移り住んだ後にもこれを継続したようだ。

　四畳半 2 間と台所の 2K の間取りに住む 70 代女性は，仮設住宅での日々の生活範囲が室内の概ね 5m 四方に納まり，かつ石油ストーブの暖房効果がこの範囲の大半に及ぶこととのかかわりから，石油ストーブを台所に置くこととし（図 3-4），居場所の変化に応じてストーブの向きをこまめに変えていた。後述する「床の低温」から 2012 年 1 月以降に電気カーペットを居間に入れて，電気こたつと併せて下半身の保温に努めるようにしたが，三陸沿岸で昭和後半から用いられてきた一般的な暖房の組み合わせは反射式石油ストーブと電気こたつであり，2012

III 仮設住宅の温湿度環境と高齢者の生活　27

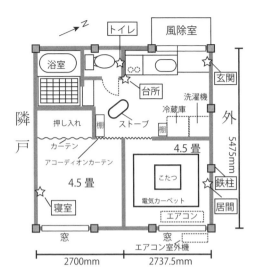

図 3-4　仮設住宅 2K での 70 代女性の生活空間と温湿度計の設置位置
温湿度計（☆）は各場所の床上 15cm, 150cm, 220cm に設置した。

年 1 月以降に電気カーペットを使用し始めてからでも，来客があった場合や非常に寒い場合を除いて電気カーペットをあまり使わなかったようである。

70 代女性が一人暮らしするプレハブ仮設住宅での部屋ごとの室温を比較すると（図 3-5），ストーブが置かれている台所が最も高く，ドアがなく空間が連続して続く玄関，アコーディオンカーテンも開けっ放しで暖房効果が及びやすい居間が次いで朝と晩に高温化し，一方，ドアが閉じられたトイレとアコーディオンカーテンを閉じている寝室で暖房効果が及び難くて気温の上昇が緩やかである傾

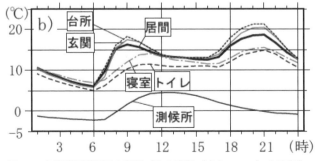

図 3-5　冬季晴天暖房日の部屋ごとの室温（床上 150cm）の日変化
冬季晴天暖房日の 143 事例の平均値。

向が読み取れる。

　また，居間での高さごとの室温変化に注目すると（図3-6），床上220 cmと150 cmでは朝9時に約16℃，夜21時に約19℃まで上昇し，暖房効果が及んで高温となっているが，床上15 cmが平均で10℃前後とかなり低温で暖まり難いことがわかる。また，図3-6に示していないものの，同地点での床表面の温度は床上15 cmの室温よりも低温であり，平均8℃程度で暖房時にはより温まり難い傾向がある。

　70代女性は，同居していた80代男性が2011年12月に心筋梗塞で亡くなったこともあり，その発症を引き起こした環境的誘因と考えた「床の低温」への対応として，前述の通り「電気カーペット」を2012年1月以降に購入・使用することとなるが，他にも，台

写真 3-5　湿度計を調整する
この場所は，心筋梗塞で亡くなった方の「居間での定位置」であった。床面0cmや床上70cmなどに温度計を設置した。人物は著者の一人，髙橋。2012年11月25日撮影。

所には小面積のカーペットを敷くなどして下半身の保温に努めた。また，「部屋間での温度差」に関連して，C仮設団地の住民の中では，「事の前にトイレのドアを開けて少しでも暖差を解消する」ことが2012年冬季から流行った。

　このような「部屋間での温度差（暖差）」や「床や床近くでの低温」などの冬季の低温については，心筋梗塞を中心とした心血管系疾患と脳梗塞・脳卒中を中

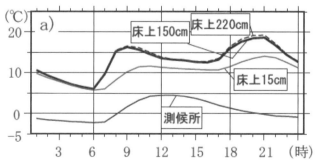

図 3-6　冬季晴天暖房日の居間での高さごとの室温の日変化
冬季晴天暖房日の143事例の平均値。

表 3-2 宮古市の仮設住宅で確認した死者数（2011 ～ 2013 年）

年	男	女	計
2011 年	3	4	7
2012 年	14	11	25
2013 年	10	8	18
計	27	23	50

※単位は「人」。

心とした脳血管障害などの「動脈硬化性疾患」の発症を引き起こす環境的誘因となると考えられる。宮古市の仮設住宅では，編著者が確認しているだけで，2011 ～ 2013 年に少なくとも計 50 名の方々が亡くなっている（表 3-2）。仮設住宅での突然死にかかわる考察はかつて若干行ったが（岩船 2013），今回は紙面の都合上，ここでは行わないこととする。

4．夏季の熱中症対策と高齢者の生活習慣

仮設住宅での夏季の室内気候については，前掲の図 3-3 で一度示された。70 代女性が一人暮らしするプレハブ仮設住宅の居間の床上 150cm の室温日変化（晴天日平均，冷暖房日の区別無し）に認められる「7 月の室温が一山型の日変化であるものの，日中の室温の極大がそれほど明瞭ではない」ことがその特徴である。これは，70 代女性が夏季の暑い日には窓を開け換気を良くおこなって室内気温の低下に励み，それでも暑い時には日中に冷房をつけて室温の上昇を抑えているためと考えられる。

宮古市の高齢者世帯の場合，住宅に「エアコン」が付いている家は稀であったと思う。生まれてから 10 代まで宮古市で過ごした編著者の自宅は，大正期に建てられた木造 2 階建ての家であったが，エアコンなどはなくて専ら扇風機で暑さを凌いでいた。窓を開けて通風して外気を室内に取り入れれば，日中に暑さを感じる場合があるもののなんとか過ごすことができ，涼しい朝晩に寝てしっかりと体力を回復できるので，熱中症（宮古弁で言うところの「ハグラ」に相当）などに掛ることはまずなかった。

気象庁 HP 過去の気象データ検索で宮古測候所の 1945 ～ 2015 年についての 8 月の日最高気温の月平均値をみると（図 3-7），それらの平均した値が約 26.6℃，その中での最低値 21.0℃（1980 年），最高値 30.3℃（1985 年）である。また，同

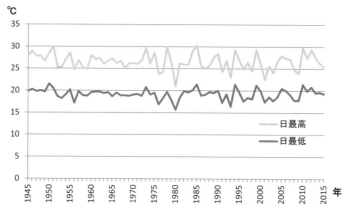

図3-7 宮古測候所での8月の日最高気温と日最低気温の月平均値
1945～2015年。気象庁HP過去の気象データ検索より作成。

様に8月の日最低気温の平均値をみると，平均値約19.2℃，最低値16.4℃（1993年），最高値21.5℃（1950年）である。三陸沿岸では「やませ」で日最高気温が上がらない年もあり，また海に面することから夜から朝にかけては気温が低下して日最低気温が20℃弱前後となる。このような夏季の気候下では，三陸沿岸に住み続けている高齢者には「エアコン」を使用する生活文化は定着せず，禁忌行為とまではならないものの，電気代が「もったいねえ」感覚からすれば「エアコン」は"高級品"であり，購入して使用する人は稀であった。

また，仮設住民からの強い要望が多数寄せられて前述のプレハブ仮設での追加工事に「玄関入口の網戸」が加えられたことも，多数の住民が夏季を中心に「通風する生活」を営んでいることの証でもあろう。

さて，熱中症を引き起こしやすい室内気候の指標として，しばしば Web Bulb Globe Temperature（湿球黒球温度，以下 WBGT）が利用される。日本生気象学会「日常生活における熱中症予防指針」Ver.3 確定版では気温および相対湿度と WBGT との関係を示しており，宮古の仮設住宅での観測結果より WBGT を近似的に求められる。WBGT は室温や湿度が高いほど値が高く，その値によって「危険」（31℃以上），「厳重警戒」（28℃以上～31℃未満）「警戒」（25℃以上～28℃未満），「注意」（25℃未満）の4段階に温度基準域が分けられ，それぞれで生活活動を行う人びとへの注意事項が整理されている。

2013年6〜9月に居住者が居ない①プレハブ仮設，②住宅仮設，③地元仮設で観測された室温と湿度の値からWBGTの値を求め，「警戒」以上および「厳重警戒」以上の時別頻度を図3-8と図3-9にそれぞれ表した。

仮設住宅のいずれのタイプでも，「警戒」（図3-8）と「厳重警戒」（図3-9）は気温が高くなる14〜16時頃に頻度が高くなっており，特にプレハブ仮設では他に比べて頻度が高い。プレハブ仮設で「厳重警戒」以上の頻度が高くなる要因として，いずれも図を省略するが，プレハブ仮設が住宅仮設に比べて一日を通して平均的に相対湿度が高く，同じ時刻でのプレハブ仮設の室温と住宅仮設の室温との回帰式から得られた「29.9℃以上の室温時には住宅仮設に比べてプレハブ仮設の室温がより高温になる」ことが挙げられる。

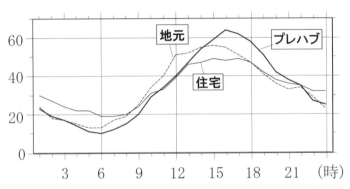

図3-8　仮設タイプごとの熱中症危険度「警戒」以上の時別頻度
プレハブ仮設，住宅仮設，地元仮設での比較。

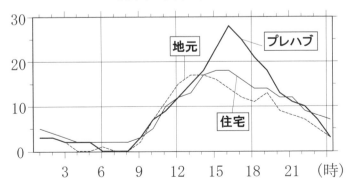

図3-9　仮設タイプごとの熱中症危険度「厳重警戒」以上の時別頻度
プレハブ仮設，住宅仮設，地元仮設での比較。

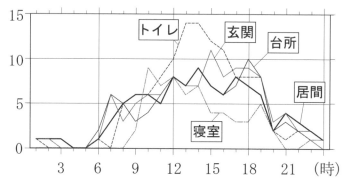

図 3-10 プレハブ仮設の部屋間での熱中症危険度「厳重警戒」以上の時別頻度
70代女性が居住するプレハブ仮設での床上 150cm（居間のみ 220 cm）での観測値に基づく。

　また，2013 年 6 ～ 9 月について 70 代女性が暮らすプレハブ仮設での部屋ごとの「厳重警戒」以上の時別頻度を図 3-10 に表した。

　この図から特にトイレで日中に頻度が高くなっていることがわかる。これは，トイレが冷房の設置されている居間から離れて木製のドアを隔てて閉鎖された空間であることから冷房の効果を受け難いこと，追加工事での「外断熱」はトイレ側の壁面に施されなかったこと，トイレ側の壁面はほぼ西向きで午後に西日が当たり壁面が高温となり易いこと，水洗トイレで水が存在することから湿度が高くなることなどによるものと考えられる。しかしながら，居住者がいない閉め切ったプレハブ仮設での結果と比べると（図 3-9），「厳重警戒」以上になる頻度は全体的には低い。

　これは，前述した通り，建物として熱中症にかかわるハザード（≒潜在的な危険性）が存在しても，この 70 代女性は自らの意思で換気を行い，または時には冷房をつけることによって，熱中症にかかるリスクを大幅に減らしているからである。

写真 3-6 プレハブ仮設住宅のトイレ
観測データによれば，トイレの 15cm 高が仮設住宅内で気温が最も低い。編著者も経験したが，冬の朝に下半身を露出して用を足す時にはとても寒い。2013 年 3 月 6 日撮影。

5．仮設入居時の留意点

　居住者がいない仮設住宅室内での温湿度観測に基づき「軽量鉄筋」造りの①プレハブ仮設と主として木造の②住宅仮設と③地元仮設とを比較すると，プレハブ仮設の方が冬季に低温で夏季に高温になるなど，寒暖の差が大きい室内気候を生じさせていることが分かった。そして，冬季の厳しい低温環境は，脳血管障害や心疾患などの「動脈硬化性疾患」発症の誘因となる可能性があり，かつ夏季の高温は熱中症発症の危険性を増大させている。

　このような室内気候をつくり出す仮設住宅に入居する場合，どのような対応が必要であったのであろうか。短期と長期に分けて以下に整理してみたい。

　短期的には，仮設住宅入居者は，自身および家族が入居する仮設住宅がどのタイプの仮設住宅であるかをまずは知り，可能なら「仕様」あるいはそれに準じる情報を手に入れて，四季に応じて室内気候がどのように変化するかを想定したかった。もちろん，これは一般の居住者には難しいことなので，行政あるいは支援者が情報を整理して入居前に提供して，居住者の仮設住宅での暮らしづくりに役立ててもらうようにすれば良かったであろう。

　特にプレハブ仮設は仕様の策定の段階から十分な寒冷地対応ができない見込みであったので，寒暖の差が大きく，冬季には床や床に近い部分が低温となり，夏季には高温となる室内環境が現れ，つまり，2004年新潟中越地震後に造られた仮設住宅などとほぼ同様の問題が現出するだろうことが十二分に想定できたはずであった。室内気候および室内環境に関する情報が整理されて居住者に「事前に説明」されていれば，仮設住民は室内環境の変化に敏感になり，健康を維持するために自らの意思で積極的に改善するように努めることができたはずであった。特に，室内環境の劣悪な部分への対処法が具体的にいくつか例示されていれば，各自の生活習慣やそれにかかる費用などとのかかわりからいくつかを選択して，入居当初から「室内環境の改善」に努められたはずであった。

　例えば，「床の低温」に対しては，居間での電気カーペット，台所でのカーペット，裸足で歩かないで靴下などを履く，できれば締め付けがゆるい靴下を重ねて履くなどである。「トイレの低温」に対しては，小型電気ストーブなどの設置，帽子などを被って入る，事の前にトイレのドアを開けて多少でも空気を入れ替えて暖める，便座にスポンジ状の保温シートを張るなどである。また，「壁面が冷たい」

ことに関連して仮設住宅棟の端の部屋がより低温となることから，行政側が入居者選定時に心筋梗塞や脳梗塞などの病歴者や高齢者など「動脈硬化性疾患」発症のリスクが高い人を含む世帯を仮設住宅の棟の端に住まわせない配慮ができたのかもしれない。また，「夏の高温」に対しても同様で，「よしず（日よけ）」を西日が当たる壁面側に設置する，窓を開けて通風する，冷房をつける，濡れたタオルを首に掛けるなど，熱中症対策にかかわるいくつかを実施できたであろう。

一方，長期的には，仮設住宅の構造や仕様を検討して，室内の断熱を如何に高めるかが重要であろう。東日本大震災での仮設住宅建設で終盤に建てられたプレハブ仮設については「内断熱」が施されて室内気候での寒暖の差が多少解消されたとみられている。ただし，2013年台風24号災害後に与論島に建設された「内断熱」のプレハブ仮設で編著者が観測した室内温湿度データを概観すると，断熱が十分に施されていないトイレなどで高温化し，寒暖の差の大きさは十二分に解決されたとは言い切れない印象がある。やはり，比熱の小さい鉄系建材を用いていることに起因しているのであろうか。

仮設住宅の建築かかわる方々が不断の努力をなさり，住環境の改善に努められていることは承知しており，その努力に貢献するためにも「生活者の視点」から仮設住宅内での温湿度環境の検討を今後も重ねていきたい。今後，与論島や屋久島での仮設住宅での温湿度データを検証して，再度この課題に取り組みたい。

6．東日本大震災の経験を次の災害に生かす

暖温帯の西日本で大災害が生じ，東日本大震災で供給されたプレハブ仮設と同じタイプの仮設住宅が供給されれば，入居初年には「熱中症」でも体調を崩す高齢者が多く生じるであろう。エアコン（冷房暖房）の使用で快適な温度環境が形成される設計で造られていたとしても，高齢者の多くは，①エアコンを使用する習慣があまりなく，②暑さ寒さを知覚し難く，③電気代を意識して我慢する傾向が強いからだ。

なお，2015年5月29日の口永良部島新岳の噴火にかかわる災害で，口永良部島からの避難者の大半が移り住んだプレハブ仮設住宅では，入居前に「プレハブ仮設住宅」が持つ室内気候のハザードを編著者が入居予定者に知らせて，前節に上げた「短期的な対策」を各自の意思と選択で実施してもらった（岩船 2016）。

その結果，入居初日が猛暑日で仮設住宅内も非常に高温になり，あまりにもの暑さに苦情を訴える人もいたが，「事前の説明」が功を奏して自ら直ぐに涼に努めて下さり，熱中症にかかる人は出現しなかった。

　これは，屋久島に造られたプレハブ仮設が東日本大震災初期に造られたプレハブ仮設に比べて「内断熱」でより改善された造りであったこと，口永良部島の方々がもともと暑さに強いことなどもあるはずだが，事前にハザードを知らせてその対策を伝えていたために，入居者が室内気候の問題を意識し，それが現出しそうになったら早めに対応しようと身構えていたところが大きかったと信じている。今後の災害後の仮設住宅入居時にも，住環境の変化にともなう「ハザード」を事前に知らせることが重要であり，このような仕組みをシステム化することによって，復旧復興期で「災害関連死」やこれに準じる「災害に関連した死」をできる限り防ぐことにつなげられるであろう。

（岩船昌起・髙橋信人）

【参考文献・URL】
- 髙橋信人・岩船昌起（2015）東日本大震災後に建設された仮設住宅の室内気候－岩手県宮古市での通年観測に基づく温湿度の実態．季刊地理学，67，22-38．
  https://www.jstage.jst.go.jp/article/tga/67/1/67_22/_article/-char/ja/
- 本間義規（2012）応急仮設住宅の温熱環境と改善：アーキテクチャで生活と環境を守る（第2部 建築はいかにエネルギー中毒に陥ったのか，＜特集＞エネルギーホーリック建築）．建築雑誌，127（1633），38-39．
- 柳宇・吉野博・長谷川兼一・東賢一・大澤元毅・鍵直樹・猪野琢也（2013）東日本大震災における応急仮設住宅の空気環境に関する調査研究．日本建築学環境系論文集，78（694），917-921．
- 大水敏弘（2013）『実証・仮設住宅－東日本大震災の現場から』学芸出版社．
- 日本生気象学会，日常生活における熱中症予防指針 Ver.3 確定版
  http://seikishou.jp/pdf/news/shishin.pdf
- 岩船昌起（2013）仮設住宅での突然死－「健康な地理学」の視点から（連載 仮設住宅のくらし：震災から2年 第2回）．地理，58(5)，62-71．
- 岩船昌起（2016）口永良部島新岳噴火災害の応急対策・復旧策にかかわる実践的総合研究．鹿児島大学地域防災教育研究センター『平成27年度「南九州から南西諸島における総合的防災研究の推進と地域防災体制の構築」報告書』，237-343．
  http://bousai.kagoshima-u.ac.jp/wp-content/uploads/2016/04/04a4b0f3a7057ebb9c75391b5965dd6f.pdf

Ⅳ 仮設住民の体力

1．なぜ体力を計測するのか

　前章では，仮設住宅室内での温湿度環境とこれに対する居住者の働きかけについての考察を試みた。トイレと居間での「部屋間での寒暖の差」，あるいは同じ部屋の中でも例えば床面と床上 150 cm 高などでの「高さごとの温度差」があり，特にプレハブ造りの仮設住宅ではこれが大きく，「閉じ籠り傾向にあり，活動レベルが低く，罹患歴がある人」の発症のリスクを「誘因」として高めている可能性がある。「急性心筋梗塞」や「脳卒中」では，「血管の狭窄・閉鎖」との関連から食事や運動などの「生活習慣」とのかかわりに発症の因子（≒素因）を求めることが多く，「突然死」で亡くなる方を減らすという観点からも「仮設住民の生活」の実態を具体的に明らかにする必要がある。

　日本地理学会「東日本大震災による被災地の再建にかかわる研究グループ（被災地再建研究グループ）」では，岩手県宮古市で仮設住宅にかかわる総合的な研究を実施し，(a)「仮設住宅室内での温湿度環境」の他に，仮設住民の同意を得

写真 4-1　C 仮設団地での調査風景
2012 年までに担当してくれた理学療法士の山下浩樹氏は，仮設住宅の談話室で行った調査の終盤では仮設住民の「からだ」の悩みについて対応した。2012 年 4 月 14 日撮影。

IV 仮設住民の体力　37

写真 4-2　C 仮設住宅の談話室に集まった人びと
S 大学のボランティア学生や近所の子どもたちを除いて,写真の中の「仮設住民」は,いずれも高齢の女性である。2011 年 8 月 10 日撮影。

た上で,(b)「体力」,(c)「心理」,(d)「行動」などについても調査を行い,「仮設住民」の具体的な姿の一端を実証的なデータに基づいた上で明らかにしようとした（岩船ほか,2013）。(b)「体力」については,万歩計を高性能にした身体活動量計を用いた身体活動量の計測と日本理学療法士協会が開発したアセスメントセット「E-SAS」を用いた運動機能や生活空間にかかわる調査を行った。

　身体活動量にかかわる調査では,原発事故後に郡山市で避難所となっていた「ビックパレットふくしま」や南相馬市の仮設住宅などでの研究事例などが報告されているが,「被災者に負担をかける」などの理由から,被災者の身体活動の実態にかかわる定量的な研究はこれまでそれほど多く報告されてこなかった。

　編者らは,2012 年 4 月から理学療法士の山下浩樹氏を体力調査の担当者として,仮設住宅の集会所に集まってくれた人びとなどの同意を得た上で,「個人の身体活動」にかかわるデータを集めてきた。諸般の事情で 2013 年から彼の参加が難しくなったが,共同執筆者の白井祐浩にデータ分析を依頼し,これまでにほとんど得られなかった「実測データ」に基づき,仮設住民の身体活動にかかわる成果を取りまとめることができた。今回,この中で「大事な部分」について報告したい。

2．調査方法

　調査に参加してくれた方々は,宮古市の中心市街地およびその周辺の仮設団地

Aを除く8つの仮設団地の住民であり（図2-2），事前の呼びかけに応じて仮設住宅の集会所あるいは談話室に集まってくれた人びとである。身体活動量の計測では43名（男性11名，女性32名，平均年齢70.7±9.85歳），E-SASでは74名（男性19名，女性55名，平均年齢69.9±10.5歳）が協力してくれた（2013年1月時点）。

調査で用いた身体活動量計は，タニタの「カロリズム」である（写真4-3）。「同意を得た仮設住民」について，談話室などで身長，体重，体脂肪率を計測して対象者用に個人設定した身体活動量計を，入浴時や睡眠時を除いて7日間できるだけ身に付けてもらった。

参加者（被験者）43名（男性11名，女性32名，平均年齢70.7±9.85歳）の歩数，歩行距離，エクササイズについての概要は，表4-1の通りである。一日当たりの平均値は3840±2520歩であり，厚生労働省HPの平成23年国民健康・栄養調査報告の70歳代の平均値4740±3609歩（男性5263±3983，女性4323±3222歩）と比較すると，約1000歩少ない。しかし，平均値間の差は，標準偏差から有意な差とは考えられない。

また，エクササイズでも，厚生労働省が生活習慣病予防において推奨する週23エクササイズをいずれも上回っており，調査対象となった仮設住民の身体活動量は，日本人の一般的なそれと大差がないとみなせる。

写真4-3　身体活動量計「カロリズム」
身体活動量計は，約5㎝×約3㎝×約1㎝の大きさ。歩数，歩行距離，エクササイズ，総エネルギー消費などが計測・記録される。2013年4月25日撮影。

表4-1　8つの仮設団地住民の身体活動量の平均値

	歩数	歩行距離	エクササイズ
平均	3840±2520歩／日	2.04±1.48km／日	30.9±19.2／週
男性	5207±3596歩／日	3.20±2.18km／日	35.5±29.5／週
女性	3129±1652歩／日	1.64±0.93km／日	28.6±14.8／週

8つの仮設住宅の住民43名（男11名，女32名）の平均値。

写真 4-4　宮古湾の奥に立地する赤前仮設団地の畑
赤前集落内の小学校校庭に仮設団地が造られ，住民有志が活動できる畑が駐車場の隣に設けられた。2013 年 4 月 20 日撮影。

　しかしながら，「付け忘れた人」を除いても 1 週間 23 エクササイズ未満，1 日 1000 歩未満の住民もおり，個別では，生活習慣病のリスクを高めるような身体活動の状態にあり続けている人を認めることができた。これは，仮設住宅の立地などの生活環境によって左右される度合いよりも，個人の運動機能や意思・心理によるところが要因としてより大きく，その結果として現在の行動が発現されていると推察される。

3．E-SAS から分かること
a）E-SAS とは

　日本理学療法士協会が開発した E-SAS（Elderly Status Assessment Set）は，高齢者の「イキイキとした地域生活」の持続・向上の評価のために開発されたアセスメントセットである。生活機能低下予防にかかわる身心の状態を，日常生活動作（ADL）にかかわる筋力やバランスといった運動機能のみによって評価するだけでなく，心理・社会的な概念および生活空間にも着眼し，高齢者を中心とした参加者が活動的な地域生活の営みを獲得できたか，という観点からの評価をねらっている。

　具体的に，①生活の広がり，②ころばない自信，③入浴動作，④歩くチカラ，⑤休まず歩ける距離，⑥人とのつながりの 6 つの評価項目からなる。そして，これらの基準値は「一般高齢者」，「特定高齢者」，「要支援 1」，「要支援 2」の要介護度とも対応しており（表 4-2），レーダーチャートによる「六角形」の面積と

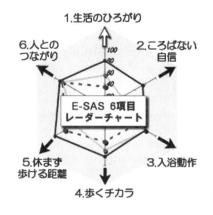

表 4-2　E-SAS の基準値

一般高齢者	80 点
特定高齢者	60 点
要支援 1	40 点
要支援 2	20 点

日本理学療法士協会 HP より作成。

図 4-1　E-SAS の「レーダーチャート」
6つの評価項目のレーダーチャートによって示される「六角形」の面積の大きさと形のバランスから，被験者の活動性を視覚的に認識しやすい。
E-SAS / 日本理学療法士協会 HP より。

形から，参加者の活動性を視覚的に認識できる（図 4-1）。

b）震災前後での変化

　E-SAS の被験者の中で，B 仮設団地と C 仮設団地の 29 名（男 8 名，女 21 名）については，震災後だけでなく，震災前についても当時を思い出しつつ回答してもらった。ただし，④「歩くチカラ」については，歩行テスト（TUG）での実測が必要であり，震災前についてはデータを得られなかった。

　それらの結果は，図 4-2 の通りである。①生活のひろがり，②ころばない自信，⑤休まずに歩ける距離については，震災後に低下している。特に「①生活のひろがり」については，震災前に比べて大きく低下して 60 点未満となり，介護度において「一般高齢者」から「特定高齢者」相当のレベルに転じた。

　これは，津波被災地区に隣接した仮設住宅周辺では地域の諸機能が失われたことや，従前地から離れた見知らぬ場所の仮設住宅に被災者が転居したことと大いに関連しており，被災者の日常生活圏が大幅に縮小したことを示しているものであろう。そして，「①生活のひろがり」の縮小に応じて，身体活動量が低下したであろうことが運動機能の微妙な低下につながり，統計的に有意ではないが，「⑤休まずに歩ける距離」が短縮し，かつ「②ころばない自信」も低下したものと思われる。

　一方，「⑥人とのつながり」が震災後に増加している。これは，編著者も経験していることだが，音信不通になっていた幼馴染や親戚などと震災後に連絡を取り合うようになり，過去の人間関係が復活したことがまずは挙げられる。これに

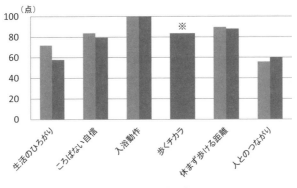

図 4-2　震災前後での仮設住民の E-SAS 基準値の変化
被験者 74 人（男 19 名，女 55 名）の平均値を震災前後で比較する。
ただし，震災前については，被験者 29 名（男 8 名，女 21 名）。
※「歩くチカラ」については，震災後に実測したデータのみ。

加えて，仮設団地内の「他地区から居住者」や遠方からのボランティアなどとの新しい出会いが生まれ，総じて人間関係が多様で厚くなったことが要因と思われる。なお，蛇足になるが，このような人間関係の多様さが増し，それが維持されている時期は，80 頁の図 7-1 災害での「こころの回復」の過程での「ハネムーン期」とも関係しているのかもしれない。

c）年齢との関係

次に，E-SAS の結果で，仮設住民全体の平均値として震災前から震災後に狭まった「①生活の広がり」と増加した「⑥人とのつながり」に注目し，被験者の年齢との関係について考察する。

「① 生活の広がり（図 4-3）」については，全体として年齢に応じて得点が低くなる傾向があるが，60 歳以上でも高い得点を維持している人が認められる。また「⑥人とのつながり（図 4-4）」では，60 歳以上で 20 点以下の低い人が認められる。60 歳未満の方々のサンプルが少ないところではあるが，調査した 8 つの仮設団地の住民では，高齢であるほど生活空間が狭まり，かつ人とのつながりが極端に希薄な人が複数存在していることが分かる。

この結果から，みんなで「お茶っこ」する集会所などでの支援も重要であるが，

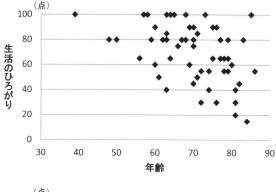

図 4-3 「生活のひろがり」と年齢との関係

全体として年齢に応じて得点が低くなる傾向がある一方で，60歳以上でも高い得点を維持している人が認められる。また，「最低点」は高齢になるほど低くなる。

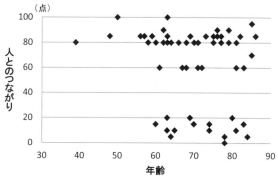

図 4-4 「人とのつながり」と年齢との関係

60歳以上で20点以下の低い得点の人が認められる。年代当たりでのサンプル数の増加と関連する可能性もある。

高齢者の一人一人への「個別対応」も強化されるべきことが指摘できる。特に，この E-SAS 調査の対象とならなかった「集会所などに現れない高齢な住民」がかなりの数で存在する事実からも，理想的には「個別対応の強化」をより推進するべきであろう。しかしながら，それにはマンパワーの強化が必要であり，「復興」にかかわるお金が減じられ，かつ東日本大震災に対する人びとの関心が徐々に薄れていく状況下では，現実的に「閉じ籠り傾向の高齢な人びと」のすべてに対応できないことは明らかである。

4．高齢者を孤立させないために

「個別対応の強化」以外に「閉じ籠り傾向の高齢な人びと」を孤立させない対策を講ずる視点の一つとして，「仮設住宅の周辺の生活空間」に目を向けたい。

仮設住民の身体活動量で計測された1日当たりの歩行距離の平均が約 2 km で

IV 仮設住民の体力　43

写真 4-5　中山間地域に建設された荷竹仮設団地
「市有地」との関係で中山間地域の集落のはずれに建設されたため，周辺には「よそから来た仮設住民」が通える場所はほとんどない。2013 年 4 月 20 日撮影。

写真 4-6　荷竹仮設団地の集会所の中
集会所では，車を持たない「高齢な女性」が数名集まり，布製の小物やアクセサリーを作っていた。このような活動はさまざまな長所もあるものの，「身体活動」を低下させる恐れがある。2013 年 4 月 20 日撮影。

写真 4-7　廃止された「移動販売車」
「移動販売車」の運営は赤字だ。2013 年 3 月 31 日で廃止されたため，荷竹仮設団地の「高齢な女性」の「憩いの場所」が一つなくなった。2013 年 4 月 20 日撮影。

あったことから（表4-1），現在の身体活動量が維持されることを前提とすると，この半分の約1kmが「高齢な仮設住民」が一般的に徒歩で外出可能な片道での最大距離とみなすことができる。そして，1回の外出以外でも日常生活にかかわる身体活動がさまざまに行われることを考慮すると，約1kmよりももっと短い片道距離で行き来できる「近所」に，生活空間を広げて人びととつながることができる「何か」を創出することが大事なのかもしれない。例えば，商店，書店，友達，畑，お墓，花壇と，何でもよい。高齢な人びとの体力に応じて行動可能な空間内で，興味をひく「何か」が多様に存在していることが，高齢な人びとを自宅の外に引き出して孤立を防ぐポイントになるのであろう。もちろん，外に出歩くことによって運動することとなり，生活習慣の改善を促し，早すぎる「突然死」を防ぐことにもつながる。

高齢者の体力に応じた行動可能な空間内で，興味をひく「何か」が多様に存在していることは，仮設団地周辺だけでなく，むしろ「震災5年目」を経過した今，現在被災者が移りつつある災害公営住宅周辺でのまちづくりで大いに意識されるべきである。そのためには，「個人の徒歩での移動行動に対応した『1kmの範囲内の地域』での詳細な地理空間情報」がまずは必要になる。そして被災者支援にかかわる組織や個人では，高齢な被災者の生活環境づくり，そして体力づくりを念頭に災害公営住宅周辺での「空間情報提供」を行い，被災者が自らの体力を駆使して外に出ようとする意識の芽生えを促すことが第一歩として重要であろう。外で過ごす機会と時間が増えれば，被災者自らもお気に入りの場所を見つけることができ，彼らの健康的な「くらしづくり」の展開につながる。

（岩船昌起・白井祐浩）

【参考文献・URL】
・厚生労働省ホームページ／平成23年国民健康・栄養調査報告／
　http://www.mhlw.go.jp/bunya/kenkou/eiyou/h23-houkoku.html
・厚生労働省ホームページ／健康づくりのための運動指針2006—生活習慣病予防のために〈エクササイズガイド2006〉
　http://www.mhlw.go.jp/bunya/kenkou/undou01/pdf/data.pdf
・公益社団法人 日本理学療法士協会ホームページ／E-SAS
　http://www.japanpt.or.jp/esas/index.html

コラム① 体力と坂

　平地での歩きから階段の上りに転じると，身体活動量が増して心拍数が上がる。これは，生物である人間であれば誰しも現れる生理的な反応である。そして，特に運動を好まない方は，「しんどさ」を感じてより高い階には上がりたくなくなるはずだ。

　編著者は，鹿児島県庁での階段登り実験（写真1, 2）を，かつて震災前に行った（岩船 2009）。その際，高齢者の体力レベルを想定して心拍数 120 拍／分を超えない想定で上がると，1 階から歩き始めて心拍数がどんどん上がり，3 階（垂直距離約 15m）で心拍数が 120 拍／分に達して，ドキドキ感を感じた。そして，

写真 1　鹿児島県庁舎
写真中央の「行政庁舎」は 93.09m の地上高であり，鹿児島県の建築物の中で最も高い建物の一つである。地上 20 階，地下 1 階，屋上にはヘリポートが設置されている。

写真 2　階段を駆け上がる編著者
鹿児島県庁舎の「東側特別避難階段」は，「避難」という緊急時の目的から密閉された空間であり，空調がない。実物の AED の重さ相当に調整した約 3.1kg 重のカバンを持ち，地下 1 階から地上 18 階まで駆け上がる実験を行った。2009 年 9 月 3 日撮影。

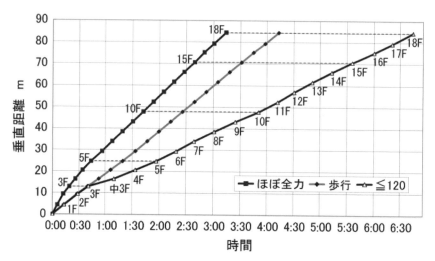

図1 鹿児島県庁舎での階段移動の実験「上がり」での運動形態ごとの
所要時間と垂直移動距離との関係

身体活動（運動）の形態として，ほぼ最大努力で駆け上がった「ほぼ全力」，毎分約100歩のリズムを乱さずに歩いた「歩行」，毎分での心拍数を120拍以下になるように抑えて上がった「≦120」について，所要時間と垂直移動距離との関係を示す。

120拍／分を超えないように速度を落とし，時々立ち止まりつつ，ゆっくりと登った（図1）。日頃トレーニングをよく行う編著者の心拍数120拍／分での運動を健常な高齢者による最大努力での走歩行時の運動とみなせば，階段で上がる標高差約15m以上の場所は，自身の運動能力では心拍数が急激に増加する「上がり難い場所」であり，いわば「高台」と解釈することが可能であろう。

なお，第2章で示した表2-2「調査した仮設住宅団地の概要」での仮設団地の立地において「高台」とするか「沖積」とするかの基準は，「人が移動する上で心拍数が上がるような比高15mを超える『坂』が明瞭にあるかないか」であり，このシンプルな階段歩走行実験が根拠になっている。これについては，第6章「仮設団地の類型」でも再度触れる。

写真3　懸垂を行う20代の調査協力者
避難行動は，体力とのかかわりが大きい。自分の身体を引き上げる懸垂は，例えば津波避難で崖などの「地形的な障害」を乗り越えて一人で高いところにいけるかどうかの成否を決定づける基本動作である。健常者であれば，「自助」そして「共助」を担う観点からも，日頃のトレーニングと節制は重要である。2012年8月17日撮影。

写真4　ハイヒールで走る20歳前後の女子学生
避難行動時には，履物を選びたい。ハイヒールでは速く走られないし，特に「坂」や「階段」の「下り」では転倒の危険性が高まる。

【参考文献】
・岩船昌起（2009）BLS空間の立体構造①－階段ダッシュの限界に挑む（連載 健康な地理学 第3回）．地理，54 (11)，56-65．

V 仮設住民の生活移動行動の空間分析

1. 個人空間をなぜ調べるのか

　宮古での仮設住民に限らず,「被災した方々」は一般に, 震災直後とは質が異なるものの仮設住宅入居後も多くのストレスを抱えている（松本・岩船 2013, 石井・岩船 2013）。また, 特に高齢者であれば, 前章で示唆された「住み慣れた地区の被災」に関連した「生活のひろがり」の狭まりとともに「ころばない自信」の低下と「休めず歩ける距離」の減少が生じて, それが顕著な体力的な衰えにつながっている。実際, 編者の知人で仮設住宅に入居した高齢者について, 入居当時と震災5年目の今を比較すると, 目に見えて活力が失われた方々が多い。彼ら彼女らはどちらかというと積極的に外出したり, 規則正しい生活習慣の維持を心掛けたりしていなかったが, 運動習慣があり, 日々の食事にも気を配る人も含めて, 全体として5年前に比べれば活力が落ちているような気がする。

　年取るごとに老いることは生物である人間としては当然のことであるが, それ

写真 5-1　仮設住民と夏祭りに参加するボランティア
左の外国人がイギリス, 右がオーストラリアから来られた。お二人は, じつは "宣教師"。震災2年目以降のボランティアは, 宗教関係者か地元関係者が中心である場合がほとんどであった。2013 年 8 月 16 日撮影。

を如何に遅く緩やかにするかが重要であり，日々の生活を送る高齢者は，可能な限り意識して体力維持を図りたいところである。

　このように，急激に「衰える」可能性が高い「高齢な仮設住民の日常生活での行動」を実証的に把握し，その空間構造や彼ら彼女らのニーズを明らかにできれば，「生活環境」の面からその「衰え」を少しでも緩やかにできる公共福祉サービスのメニューの検討などにもつなげられるはずである。しかしながら，このような観点からの「個人空間」の把握にかかわる調査は，個人情報保護や住民負担との関係から積極的に行われていない。

　「個人空間」の把握では，メートル単位での広さが把握できる空間スケールであるパーソナル・スケールでデータを入手できるかどうかが重要である。このスケールで行動の時空間での推移を解析することによって，「まち」と「住まい」と被災者個人の空間との関係をしっかりと見極められ，仮設住宅の生活環境と仮設住民の行動や健康などとの結びつきを多角的に考察できる。これは，短期的には被災経験を有する仮設住民が健康な生活を維持してもらうための改善点を見出すことにつながり，また長期的には東日本大震災によって被災した「宮古の人びと」の辛い経験を未来世代や他地域の人びとに"教訓"として生かしてもらうための「震災記録」の蓄積にもかかわる。

　本章では，仮設住民の日常生活における移動行動に焦点を当て，聞き取りから得られた被災者個人によるイベントごとの「移動手段」と「移動距離」にかかわる時空間データの解析を行う。そして，移動手段ごとの「日常生活域（圏）」について考察する。

2．調査方法

　図 5-1（図 2-2 の再掲）における 9 つの仮設団地で集会所等に集まった仮設住民 70 名（男 16，女 54，年齢 39 〜 87 歳）を対象として，ここ数カ月程度での移動行動の目的，目的場所，移動手段などを聞き取った。調査期間は，2012 年 4 月〜 2012 年 12 月である。2013 年にも調査を行ったが，それらについては，時期が離れていることから今回は除くこととした。そして，聞き取った 1 つのイベントごとに自宅（仮設住宅）から目的地までの移動距離（片道での道のり）を地図上で計測した。また，所要時間は，徒歩では平地での速度を時速 4 ㎞，自転車

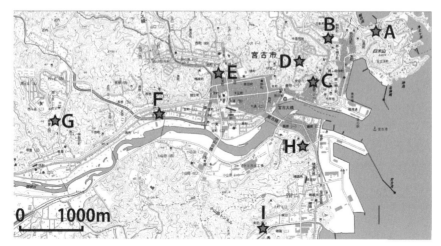

図 5-1 宮古市中心市街地周辺で調査した仮設住宅団地（図 2-2 の再掲）
国土地理院 HP「ウォッちず」より作成。地図表記は震災前の状況を示している。

写真 5-2 仮設住宅の談話室での調査
体力，心理，行動についてのアンケート調査と，補足のインタビューを一気に行う。中には 1 時間以上も話してくださる方も多い。2013 年 6 月 20 日撮影。

では平地での速度を時速 10 km，車やタクシーでは制限時速を目安として概算した参考値である。なお，1 回の外出で複数の目的場所に出向く場合もあるが，ここでは「日常生活域（圏）」を明らかにすることを目的としているので，移動した距離の最大値を採用する意味で，目的場所ごとに 1 回の外出で歩いた総距離をそれぞれ一つずつの目的地に対応させている。

3．調査結果

徒歩，自転車，バイク，車などの移動手段ごとに事例が収集された（表 5-1）。

V 仮設住民の生活移動行動の空間分析　51

表5-1　聞き取り調査で得られた移動手段の回数

手段	回数	特徴
徒歩	164 例	身体活動，移動の基本
自転車	51 例	身体活動，「少し遠くへ」
バイク	33 例	燃料代，「楽に遠くへ」
車	197 例	燃料代，「快適に遠くへ」
バス	46 例	運賃＋少しの身体活動
タクシー	13 例	高額運賃＋ドア to ドア

【車による移動距離】

聞き取りで移動行動のイベント数が194例と最も多かった「車」では，運送業を職業とする1人による100km以上のイベント2例を例外とすると，最大距離のイベントは，県庁所在地の盛岡市への道のり約90kmの移動行動であった（図5-2）。他にも，釜石などへの約50km前後での移動行動が認められるが，図5-2からは，約30km以内での移動行動のイベント数が多くみられる。

そこで，30km以内での移動行動に注目し，横軸の上限を30kmとして図示する（図5-3）。山田町や旧田老町（宮古市田老地区）など，宮古市の中心市街地から離れ

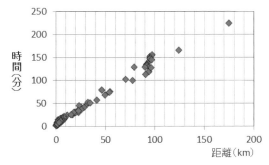

図5-2　車での移動距離と所要時間①
横軸を0km～200kmとして，車での移動距離にかかわる全データを表した。道のりで約90km離れた盛岡市など，主要都市への移動を把握できる。

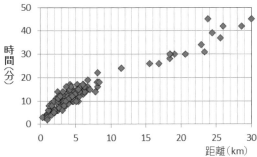

図5-3　車での移動距離と所要時間②
横軸を0km～30kmとして，ほぼ「宮古都市圏」での移動を把握できる。

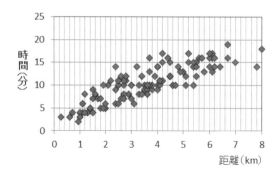

図 5-4 車での移動距離と所要時間③
横軸を 0 km～8 km として，宮古市中心市街地および郊外での移動を把握できる。

た地域への移動が 10～30 km で認められ，8 km 以内でイベント数が特に多くなっていることが分かる。

さらに，横軸の上限を 8 km として，8 km 以内での車での移動行動を詳しくみると（図 5-4），1 km 弱～8 km でイベントがほぼ均質に散らばっており，1 km 強から 6 km 強で比較的多い傾向が認められる。1 km 弱での車の利用については足腰に痛みを抱えている方などの利用であり，高齢者でも歩行に支障をほとんど感じていない場合には 1 km 以上の距離で車で移動していることが多いことが分かる。

【バスとタクシーによる移動距離】

一方，低額ではあるが運賃を支払って乗車するバス 43 例の場合には，1～7 km での利用が認められるが，2.5～4.5 km でのイベント数が多い（図 5-5）。なお，2 km 強未満の 4 例は「歩行に自信がない」という方の利用である。また，盛岡への 3 例があるが，図 5-5 には表示されていない。

また，高額運賃を支払い自宅から目的地まで直接移動できるタクシーでは，1

写真 5-3 仮設団地前に停車するバス
宮古駅から約 13km 離れた「荷竹」仮設団地は中山間地域に立地する。バス路線の調整が行われたが，利用者は「(料金が) 高げぇし，使い難い」という。2013 年 6 月 21 日撮影。

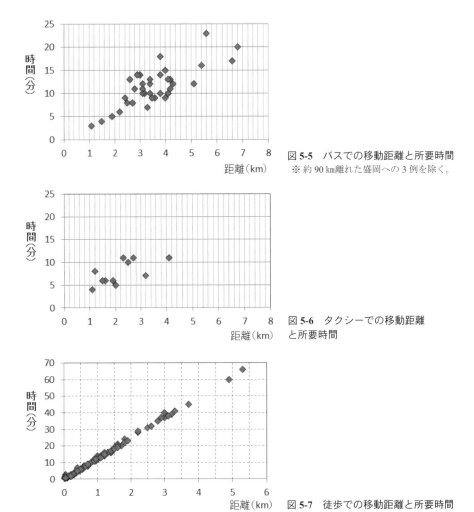

図 5-5　バスでの移動距離と所要時間
※ 約 90 km離れた盛岡への 3 例を除く。

図 5-6　タクシーでの移動距離と所要時間

図 5-7　徒歩での移動距離と所要時間

～4 kmで 11 件があり，通院目的の傷病者や後期高齢者が利用した（図 5-6）。

【徒歩による移動距離】

　移動の基本で身体活動がともなう「徒歩」164 例の移動行動では，片道 2 km未満の距離（道のり）の目的場所への事例が大半を占め，より近距離の場所を目的地とするものが多かった（図 5-7）。特に 1 km，500m，100m を凡その閾値として

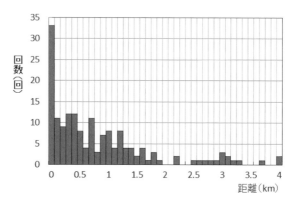

図 5-8 「徒歩」での移動行動の距離ごとの頻度

より短い距離でイベントの数が多くなる傾向がある（図 5-8）。聞き取り調査で内容を詳細に把握できなかった「仮設団地内や近所での細々とした用事」なども考慮すると，ゴミ捨て，草花への水やり，洗濯物干しなど，100m 以内のより短い距離での事例数はより多くなるものと思われる。

【自転車による移動距離】

「自転車」51 例では，0.3 km以上 5 km未満の行動がみとめられ，特に 0.5 kmから 1.5 kmで多い傾向がある。自転車は，移動路の傾斜（坂道）との関係で速度が大

写真 5-4 商店街を自転車で通過する
宮古駅から末広町中央通商店街を抜けて東に向かうと，港まで平坦地が続く。旧宮古市街地は，閉伊川と山口川などの沖積平野に立地する。
2013 年 7 月 14 日撮影。

いに変化するために，所要時間を想定し難い。よって，ここでは図の掲載を省略し，傾斜との関係を考慮した上で別の機会に提示したい。

4．移動手段の選択にかかわる考察

以上の手段別での移動距離のデータから，手段の選択にかかわるいくつかの閾値が認められた。特に，約1kmを目安に徒歩以外を選択する傾向にあり，片道20〜25分以内での移動行動が大半を占めている（表5-2）。

ここでは，(a) 1 kmと (b) 4 kmの2つの閾値に注目したい。

(a) 1 kmについては，これ以下の距離では徒歩が頻繁に行われ，これより長い

表 5-2　移動行動における手段ごとの距離と所要時間

手 段	距 離	時 間
徒 歩	2 km以内（500m以内多い）	〜25分
自転車	500m〜5 km	10弱〜25分
バイク	1.5 km〜6km	10弱〜20分
車	1 km〜8 km	5弱〜20分
バス	2 km強〜	7弱〜20分
タクシー	1 km〜4 km	5弱〜10分

写真 5-5　高台の郊外に立地する県立宮古病院
患者の集中を防ぐために，市街地の病院からの紹介状がないと診てもらうことができないが，「坂道」も患者の集中を防ぐ一因となっているようだ。2013年7月14日撮影。

距離で車，バス，タクシーの選択利用者が現れる。また，「体力」についての前章（IV章）で「仮設住民の1日当たりの平均移動距離」が約2kmであり，その半分（≒片道）が約1kmであることとも調和的である。従って，この「道のり1km」以内では，一般的な体力を持つ高齢な仮設住民が比較的に無理なく移動行動を発現しているものと考えられる。そこで，自宅から道のり1km以内の域内を「（日常生活）徒歩活発域（圏）」と称したい。

　(b) 4kmについては，これを超えると，身体活動がともなう徒歩や，運賃を支払うバスおよびタクシーがほぼ選択されなくなる。仮設住民が日常生活で頻繁に利用するスーパーマーケットや病院は，それぞれの仮設団地から4kmを超えた距離にも存在しているが，目的地として選択されなくなる傾向が強い。これは，仮設住民にとって，この距離が身体活動をともなう「徒歩」での移動の限界であり，かつバスやタクシーでの金銭的な支払いと釣り合って目的を果たすことができる上限とも解釈することができる。つまり，道のり約4kmは，車を利用しない「高齢な仮設住民」にとっての「日常生活での果て」とみなすことができよう。もちろん，この「果て」は体力に応じて多少変動し，体力的弱者や経済的弱者では，より狭まることとなる。この道のり4km以内の域内を「（日常生活）徒歩バス行動域（圏）」と称したい。

5. 高齢者にとっての大事な生活域（圏）とは

　以上から，自宅から道のり1km以内の「（日常生活）徒歩活発域」および道のり4km以内の域内を「（日常生活）徒歩バス行動域」が，高齢な仮設住民の生活環境を考える場合での大事な日常生活域（圏）として認められる。これらは，平地および高台に立地する複数の仮設住宅でのデータが混ざったものであり，移動にかかわる道路の傾斜を大きく規定する「地形条件」によって多少狭まる場合などが現れることが予想される。しかしながら，高齢な仮設住民とはいっても年齢層に幅があり，かつそれぞれでの体力も多少異なることから，人間集団での移動行動の傾向を表す意味では，現段階で"十分な目安"と考えることができるだろう。

　次章では，これら2つの日常生活域（圏）の閾値を用いて，立地からの仮設団地の類型化を試みる。

（岩船昌起）

【参考文献・URL】
・松本宏明・岩船昌起（2013）仮設住民の心理的健康①：コミュニティとのかかわり（連載 仮設住民のくらし：震災から2年 第4回）．地理，58 (7)，64-71.
・石井佳世・岩船昌起（2013）仮設住民の心理的健康②：インタビュー調査を通して（連載 仮設住民のくらし：震災から2年 第5回）．地理，58 (8)，76-85.

写真 5-6　仮設住宅調査には「軽トラック」
特に初めて訪れる仮設団地には「地元ナンバーの軽トラック」が良い。おまけに初老の母もついて来ると場が和む。2013年5月20日撮影。

写真 5-7　宮古市田老地区に出現した高台の造成地
宮古市の担当者に「傾斜3°未満の確保」が重要であることを伝え，居住するだろう高齢者の徒歩移動空間の連続性を保てるようにできるだけ工夫してもらった。この高台の中に「気軽にふらりと寄られる場所」を如何につくるかが，高齢者がイキイキと生活できる「まちづくり」の鍵となろう。2015年11月25日撮影。

VI 仮設団地の類型
——日常生活域と従前地とのかかわり

1.「場所愛」と「運動効率」

「従前地」とは，被災前に住んでいた自宅があった敷地を主に示す言葉である。災害で突如「我が家」を奪われることとなった被災者にとっては，自分自身や家族などとのさまざまな営みを通じて，より深い思い入れがある空間であろう。ポジティブな気持ちで新しい家を建てたり，引っ越したりする場合でも，住み慣れた古い家やその近所，そして地域への名残惜しさを感じてしまうはずだ。ましてや，被災して，住み続けたい家を致し方なく重機で壊すとなると，こみ上げるものがあり，その様子を直視することができなくなってしまう。

イーフー・トゥアン（Yi-Fu Tuan）は，故郷への愛着など，環境と人間との情緒的なつながりを「トポフィリア（≒場所愛）」という言葉を用いて考察した（イーフー・トゥアン，2008）。また，空間とは，ある場所から別の場所への運動が必要であり，空間の認知や知覚には，人間の"運動"という生理的・心理的な営為

写真 6-1 ヒマワリに水をあげる YMCA 職員
更地が広がる津波被災地区を「寂しい」と感じる人は多い。鍬ヶ崎などでは従前地（≒被災前の自宅の敷地）に「花」を植えるプロジェクトが行われていた。2013 年 6 月 20 日撮影。

がかかわっているというところを示唆した。運動を通じて環境（地形）の定量的評価を行いたいと考えていた編著者は，アメリカ合衆国のコネチカット州に滞在した 2003 年時に，論文チェックをしてくれる英語の教員を通じて少し連絡を取り合い，彼の著作を読んで編著者の考えと共通する部分を多く感じて感銘を受け，自然地理学から風変わりな研究に重きを置く勇気を頂いたものであった。中途半端にまとめた感があるが，スポーツ環境としての"坂"を「拍速（1 拍当たりに進んだ距離）」という指標を基に運動効率や知覚を考える研究などを進め（例えば，岩船・境 2007），体力の違いや身体活動を通じて避難行動などを考える現在の研究につながっていく「きっかけ」を与えてくれたとも言えるであろうか。

　本章では，この「場所愛」や「運動効率」的な視点も交えて，立地から仮設団地の類型化を試みたい。まずは「地形型」にもかかわる垂直的な考察として，仮設団地が立地する「標高」と市街地からそこに至るまでの「標高差」，そして「坂」や「階段」の有無などに注目する。これは，人間が身体活動を行う場合に移動しやすいか否かにかかわり，日常生活での行動を継続しやすい環境かどうかの議論でもある。また，水平的な考察として，前章で認識された自宅から道のり 1 km 以内の「（日常生活）徒歩活発域」および道のり 4 km 以内の域内を「（日常生活）徒歩バス行動域」を指標として，被災者が被災前に住んでいた自宅が立地した「従前地」との距離的なかかわりから，それぞれの域内の仮設団地に住む被災者の特徴について概観したい。

2．仮設団地と住民の概要

　前章 V 章でも示された調査対象となった仮設団地は，宮古市の中心市街地およびその外縁部に立地する（図 5-1）。地元出身の編著者は，仮設住民の生活にかかわる調査において信頼関係を築きながら，調査参加者から同意の上で貴重な「個人情報」を教えて頂き，かつ自治会の中心的な方々からは「個人を特定できない形」で世帯ごとの人数，それぞれの性別や年齢，被災前の居住地の大まかな住所などを教えてもらった。そして，住宅地図の情報なども参考に，それらの結果を仮設団地ごとにまとめて，住民の平均年齢，従前地から仮設住宅までの平均距離（道のり）などを算出した（表 6-1：表 2-2 の再掲）。

　仮設住民の中には，仮設団地の自治会会長などでも「仮設に入居してから 1 回

表 6-1　調査した仮設住宅団地の概要（表 2-2 の再掲）

仮設	建築	平均	男	女	標高 (m)	立地	距離 (km) ※	従前地
H	住宅	60.3	59.4	61.1	5	沖積	4.9	遠地
C	プレハブ	58.1	57.6	58.7	10	沖積	0.8	隣接
B	住宅	57.9	58.2	57.5	8	沖積	0.4	隣接
I	地元	54.2	52.5	55.5	9	沖積	1.5	近地
D	プレハブ	53.6	44.3	61.8	105	高台	＞2.0	近地
G	プレハブ	48.6	44.4	51.7	25	高台	16.6	遠地
E	地元	46.2	44.7	47.8	4	沖積	1.7	近地
F	住宅	44.1	42.3	45.9	4	沖積	6.8	遠地
A	地元	-	-	-	60	高台	＞1.0	近地

※ 仮設住宅の上下での配列は，平均（年齢）の値を基準に，高いものを上とした。
※ 距離は，各仮設団地ごとの全住民の従前地から仮設団地までの道のりの平均値を示す。

写真 6-2　仮設団地内を散歩する 91 歳の男性
足腰が元気で，まだまだボケていないが，耳が遠いために談話室に来ても会話ができずに「おもっさぐ（面白く）ねぇ〜」という…。 2013 年 6 月 18 日撮影。

もあったことがない人」もおり，特に人数が多い仮設団地では数名の属性不明者がいる場合が多い。従って，年齢のデータは，市役所が管理する正規の「個人情報」と若干の違いがある。

　表 6-1 から，宮古市での平成 22 年度国勢調査による平均年齢 49.5 歳よりも高齢な人びとが居住する仮設団地が多いことがわかる。これは，II 章で説明したように，津波で被災した海沿いの集落で高齢化がもともと進んでいたことが要因の一つとして挙げられるだろう。すなわち，江戸から大正にかけて宮古の中心は海側にあったが，その後「みやごまぢ（宮古町）」が昭和を中心に西側に拡大し，かつ高台に団地などが造成されて市街地の重心が内陸に移動した。そのため，相

写真 6-3　宮古市金浜地区の防災集団移転促進事業の移転地
丘陵地を切り崩して、被災集落の縁辺に用地を造成することとなった。かなり高額な費用が掛かる。集落の端の標高約 20m にある微妙な高さの「高台」型となることから、「車移動」が住民の移動手段の中心となりそうだ。2013 年 12 月 14 日撮影。

対的に若い人びとは，新しい市街地や団地などに居住している傾向が強く，旧家が多い津波被災地区にはあまり住んでいなかった。

3. 立地に基づく仮設団地の類型① —地形の高低に注目して

　人間の移動行動を制約する地形の高低，および高齢者の移動を制限する場合が多い「坂」や「階段」の有無にも注目して，コラム①での毎分当たりの心拍数が顕著に変化する「階段で上る標高差約 15m」を一つの基準に，調査対象の仮設団地を「高台」型と「沖積平野」型の二つに分けた（表 6-1）。

　詳細な理由については，コラム①での説明と重なるので，ここでは詳しく記述しないが，「標高差約 15m」以上の階段などを徒歩で上がる場合，健常な成人男性でも心拍数が著しく上昇し，"しんどさ"を感じる。体力が相対的に低い高齢者にとっては，「標高差約 15m」を上がる徒歩移動で健常な成人男性が上がる時に感じる"しんどさ"より度合いが強いものとなろう。従って，「標高差約 15m」を一つの目安として，これ以上の標高差がある「階段」や「坂」は，日常生活の中での移動の障害とみなすことができ，「高台」型の仮設団地と「沖積平野」型のそれとでは，それぞれの住民の行動に差がでることが予想できる。例えば，関根・岩船（2013）では，「高台」型が「沖積平野」型よりも，住民の行動において「徒

歩自転車」による移動の比率が小さくなる傾向が指摘されている。

なお，蛇足になるが，山口弥一郎の一連の研究において，津波で被災した集落（≒従前地）からの高所移転で「生業の中心であった浜から高度と距離がある一定の値以上になると高所移転が失敗して元の集落に人びとが戻り住みつく『原地復帰』となった」との指摘があり，人間の運動と地形との関係に基づく本研究との整合性が認められそうだ。これについては，他の要因も交えて別の機会で再考してみたい。

4．立地に基づく仮設団地の類型② ―従前地との距離に注目して

また，本章では，この「地形型」の他に「津波前に居住していた自宅跡地（従前地）と現在居住している仮設住宅との距離（道のり）」を基準に仮設住宅を類型化する。これは，普段の移動行動の積み重ねやそこでの滞在時間の長さがその場所への愛着を深めているという「場所愛」的な考えにも基づいている。

宮古の年老いた被災者との会話で，「住み慣れだ場所がら離れたぐねぇ」という言葉はしばしば聞くことができる。また，父親と津波後に新居を建てる場所を検討する際にも「〇〇なら歩って行けっから良い」や「あそごは遠い」などの近遠の空間認知にかかわる発言を編著者は聞いていた。また，編著者自身の日頃の経験なども考慮すると，仮設住宅（≒自宅）で日常生活が及ぶ範囲（≒日常生活域）と従前地との位置関係は，仮設住宅への入居希望を出した段階での当該住人の従前地への愛着や依存性（≒心理学的な「リソース」としての度合い）や新しい場所での生活に対する意気込みなどと関係し，かつ入居後の移動行動や心身の健康などにも影響を及ぼしているのではないかと推測できた。

そこで，前章Ⅴ章での「仮設住民の移動行動における手段別での距離」で重要と判断された（a）1 kmと（b）4 kmを「従前地と仮設住宅との距離（道のり）」

表6-2　日常生活と仮設団地の類型

「1km 以内」≒「徒歩活発域（圏）」
「4km 以内」≒「徒歩バス行動域（圏）」
①「隣接」型　0～1 km
②「近地」型　1～4 km
③「遠地」型　4 kmより遠い

の長短にかかわる閾値とし，①「隣接」型，②「近地」型，③「遠地」型の3つに分類したい（表6-2）。なお，この分類した結果は，既に表6-1に記述されている。

【「隣接」型】

特に，被災地区に隣接する「隣接」型の仮設団地B・C・Hでは，後述するHを除いて基本的に仮設住民の従前地（≒自宅）と仮設住宅との平均距離（道のり）が1km以内であり，「被災地区を離れたくない」人が多く居住しており，平均年齢が60歳前後と極めて高い（表6-1）。

仮設団地BとHを比較し，男女別年齢構成の図をみると（図6-1，6-2），HよりBの方が高齢者の人数が多く，かつ住民全体の人数が多いことなどが分かる。次に「従前地から仮設住宅までの道のり」を横軸にとり，階級ごとに人数を表した棒グラフをみると（図6-3，6-4），Bでは，0.1〜0.6km離れた従前地の人びとが住民となっていることがわかる。隣接した4つのまちの人びとが仮設団地に入居しているために，地域文化的背景がほぼ同じ人びとが集まったとみなすことが

写真6-4　山田町の津波被災地区
空と海は青く，市街地には更地が広がる。ここに自宅（従前地）があった高齢の女性は，発災後に「まえの家には（発災後）2回だけ行った」という。被災者の中には，何らかの理由から，自宅に戻りたくない人もいる。2013年1月19日撮影。

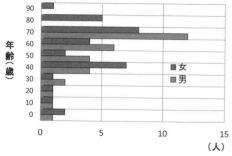

図 6-1　B 仮設での男女別年齢構成
聞き取り調査より作成。

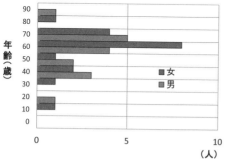

図 6-2　H 仮設での男女別年齢構成
聞き取り調査より作成。

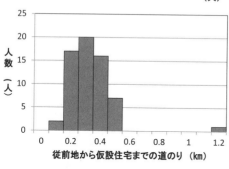

図 6-3　B 仮設での「従前地から仮設住宅までの距離」ごとの人数
横軸の目盛で，例えば「0」は「0 以上〜 0.1 未満」，「0.1」は「0.1 以上〜 0.2 未満」を意味する。

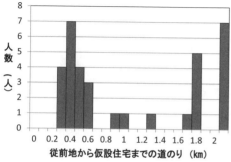

図 6-4　H 仮設での「従前地から仮設住宅までの距離」ごとの人数
横軸の目盛で，例えば「0」は「0 以上〜 0.1 未満」，「0.1」は「0.1 以上〜 0.2 未満」を意味する。

できよう。一方，Hでは0.4km前後の町の人びとが主体であるが，1km，1.8km，2km以上の異なる町の出身者が数名ずつ入居しており（図6-4）。地縁的に強い集団の中に，他地域の人びとが半数程度入り込む構造となっている。従って，「隣接」型としたがバランスが崩れた亜型であり，BよりHの方が住民の人間関係を構築する上で若干の配慮が要求されるだろうことが想像できる。

【「近地」型】
　また，従前地から仮設団地までの平均距離が1kmを超えて4km以内に立地する「近地」型の仮設団地D・E・Iでは，平均年齢が50歳前後と，「隣接」型の仮設団地B・C・Hに比べて年齢が多少若くなる（表6-1）。
　Dは標高105mに立地する「高台」型でもあり，移動において地形的な制約が加わる。また，Iは中心市街地から約2km以上も離れて立地している。従って，Dで中心市街地に出かける場合には車やバスなどが，Iで中心市街地に出かける場合には車や自転車など，徒歩以外の移動手段が選択される傾向にあるだろう。車を運転できる「相対的に若い世代の人びと」を家族の一員とする世帯が仮設住宅への入居希望段階でDやIを選択したものと思われる。
　Eでは，小中学校や高等学校に近く，高校生以下の子どもを持つ若い世帯が相対的に多く入居している（図6-5）。そのため，平均年齢が大きく引き下げられ，宮古市の平均年齢より低くなっている（表6-1）。また，中心市街地内に位置しており，利便性が高いことから，その利便性を求めて遠地から移動してきた人びとも暮らしている。

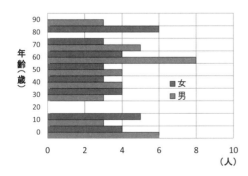

図6-5　E仮設での男女別年齢構成
聞き取り調査より作成。

【「遠地」型】

　さらに，従前地から仮設住宅への平均距離（道のり）が 4 km を超えて立地する「遠地」型の仮設団地 F と G では，平均年齢が 50 歳弱である（表 6-1）。

　F は中心市街地に 1.5 km 程度の距離のバイパス沿いにあり，車での移動に便利である。また，G は中心市街地から道のり 4 km 弱の郊外に立地している。標高 25m に立地し，比高 15m 以上の坂があることから「高台」型に分類したものの，坂の傾斜約 3.5°は比較的緩やかで道のり約 0.5 km にスーパーマーケットがあり，食糧などの買い物を徒歩で行う人もいる。バスの便数が比較的多いが，中心市街地にバスを利用する人は稀であった。

　G についてさらに詳細にみてみよう。海岸から約 5 km 内陸で郊外の高台に計 11 棟 50 戸が建設された G では，入居した被災者の従前地から G までの道のりは平均約 15km であり，4km，6km，18km，26km などの 4 つほどの集団に分かれる（図 6-6）。宮古市宮古地区，金浜地区，田老地区，山田町などの被災者が混在しており，仮設住民は顔見知りがほとんどいなかった。また，平均年齢約 48 歳（2012 年時点）で，自動車を運転できる相対的に若い人が入居し（図 6-7），

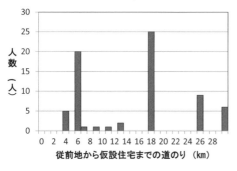

図 6-6　G 仮設入居者ごとの「従前地―仮設住宅」の道のり
横軸の目盛で，例えば「0」は「0 以上～1 未満」，「1」は「1 以上～2 未満」を意味する。

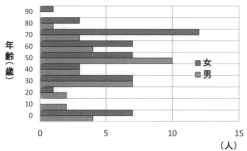

図 6-7　G 仮設での「年齢」構成
聞き取り調査より作成。

仕事中心の生活で，仮設住宅を日中不在にする住民の割合が多かった。それでも，入居当初，互いに協力しようとする思いがあり，60～70代の女性を中心に談話室で「お茶っこ（お茶飲み会）」などが行われ，住民の友和が図られた。

　入居者数が少ないものの，Fでも似たような傾向があったが，「遠地」型の住民は，宮古市のさまざまな被災地区から入居している人が多く，明らかに「まち」が異なるので住民相互に異なる土地の人間であることを認識しやすい。また，車や自動二輪車などの交通手段を保有している人が多く，仮設住宅以外に「生活の場」が多くある。そして，あくまでも相対的にであるが，従前地への依存性が低く，かつ新しい土地で生活を営む意思が強いように感じられた。

5．「個人空間」にかかわる分析

　本章では，前章Ⅴ章で明らかにした仮設住民の移動行動における手段別での距離の閾値を参考に，仮設団地の全住民の従前地から当該仮設住宅までの平均距離を基準として仮設団地の類型を提案し，類型ごとに「住民の特性」の分析を試みた。この仮設団地の類型は，宮古市を例に「中心市街地およびその近郊」の仮設団地を想定したものである。しかしながら，中心市街地からより遠方で都市的機能が周辺にほとんど存在しない「孤立的な仮設団地」などもあり，地域の実態に応じて別の類型が加わる場合も当然あるはずであり，この点については，今後の課題としたい。

　また，今回仮設住民の協力によって得られた「従前地の住所」や「世帯構成員の年齢や性別」などは，「個人情報」として市役所などがより正確なデータを管理している。「個人情報保護法」との関係を考えると，「地域空間情報室」のような部署が市役所内にあり，「地域調査士」資格保有者など，地理学の一般的なセンスの保持者が職員として配属され，GISなどを駆使して空間情報が整理されれば，本章で扱ったような「パーソナル・スケール」での「個人空間」の分析もよりスムーズに行うことができるのだろう。

　仮設団地への入居者の選定は，既存のコミュニティをできるだけ保持する形で進められる場合が多くなってきたが，被災自治体の職員への負担を考えると，抽選という手段もまだまだ無くならないものと思われる。いずれの場合においても，居住者を選定して「鍵」を渡したら仮設住民の自治に任せて行政による支援の手

が少なくなる傾向があるが，選定後に居住者分析が本研究のように行われて，「どのような問題が起き得るか」について少しでも事前に注意事項を与えられれば，「自治」の中でお互いに気をつけて補い合おうという姿勢が最初から住民の中に形成されるはずである。

　本研究のような「個人空間」にかかわる分析は，データの入手や取扱いに大変気を使うものの，前述のような仮設団地自治会の運営，仮設住民の人間関係の構築・維持，仮設住民の健康などを良好にする上での基礎資料および事前情報として重要であり，政策・施策の立案にも役立つものである（例えばNIRA，2013）。

（岩船昌起）

【参考文献・URL】
・イーフー トゥアン（著），小野有五（翻訳）・阿部 一（翻訳）（2008）:『トポフィリア―人間と環境』ちくま学芸文庫.
・岩船昌起・境 泉洋（2007）:サイクリングにおけるスポーツ環境としての"坂"の定量的評価:"拍速"を用いて運動効率と知覚を考える．志學館大学人間関係学部研究紀要，28 (1)，83-108.
・関根良平・岩船昌起（2013）:仮設住民の移動行動:高齢者と自動車利用（連載 仮設住民のくらし:震災から2年 第6回）．地理，58 (9)，72-80.
・公益財団法人 総合研究開発機構 NIRA（2013）:東日本大震災復旧・復興インデックス‐データが語る被災3県の現状と課題Ⅳ，NIRA 研究報告書 2013.
http://www.nira.or.jp/outgoing/report/entry/n130611_709.html

写真6-5　仮設住民に保護されたネコ
宮古市の仮設住宅では「ペットOK」。「この子はダメねこ」というが，保護者（飼い主）のストレスを十二分に軽減している。2013年6月17日撮影．

コラム②　提言：
被災者の健康生活を維持できる生活環境

　本コラムでは，Ⅳ章，Ⅴ章，Ⅵ章までの流れを受けつつ，仮設住民が健康に暮らすことができる「自宅周辺の生活環境」のあり方について取りまとめたい。
　仮設住宅での生活の中では，多大なストレスと運動機能の低下などによって「閉じこもり傾向の高齢者」が確かな数で存在することから，「集会所対応」以外にも「個別対応」が必要である。しかし「個別対応」にもマンパワーの確保や支援者との相性などとの関係から限界があり，高齢者が気軽にふらりと外出できる「ご近所環境」の再生にも重点を置くべきである。仮設住民が抱えるストレスは，住み慣れた「我が家」の喪失や肉親の死別などが根本的な原因であり，慢性的で簡単に解消されるものではない。高齢な被災者を孤立させずに身心の健康を保たせるには「住環境」の視点も大事であり，彼らの体力に応じた「行動圏：住居（≒仮設住宅）から道のり最大 1 km 以内」で「特に 500m 以内，さらに 100m 以内」のできるだけ近い場所に商店や花壇やお墓など「人間関係を厚くできる何か」がさまざまに点在していることが望ましい。
　これは，2013 年 3 月の日本地理学会学術大会シンポジウムで提言した内容でもあり（岩船ほか，2013），本書のⅣ～Ⅵ章で書き記してきたような人間の体力や行動に基づく普遍性が高い事実を根拠としている。従って，仮設住民が 2016 年現在移り住みつつある災害公営住宅での住民対応についても適用でき，かつ東日本大震災に限らず，他の災害での被災者の生活環境にかかわる再建についても応用可能であろう。
　事実，編著者は，「2015 年口永良部島噴火にかかわる災害」で口永良部島から屋久島に避難した避難者について，避難所および仮設住宅での生活環境の改善を図るために，この提言およびこれにかかわる研究で蓄積した知識などを応用して屋久島町や口永良部島島民などにさまざまに助言した（岩船 2016）。
　なお，編著者などが活動する日本地理学会「東日本大震災による被災地の再建にかかわる研究グループ」の関係者では，「東日本大震災」に関連していくつか

提言を行っている。例えば，増田・岩船（2014）による「応急対策・復旧での住まいの再建と復興計画の再検証」や岩船ら（2016）による「震災記録のあり方」などについてである。詳細は「参考文献・URL」から原本を入手してご覧頂きたい。

（岩船昌起）

【参考文献・URL】

- 岩船昌起ほか（2013）：東日本大震災における仮設住宅の生活環境と住民の健康：パーソナル・スケールでの実証的研究に基づく提言．E-journal GEO，8 巻 1 号，184-191．
https://www.jstage.jst.go.jp/article/ejgeo/8/1/8_184/_article/-char/ja/
- 岩船昌起（2016）：口永良部島新岳噴火災害の応急対策・復旧策にかかわる実践的総合研究．鹿児島大学地域防災教育研究センター，平成 27 年度「南九州から南西諸島における総合的防災研究の推進と地域防災体制の構築」報告書．237-243．
http://bousai.kagoshima-u.ac.jp/wp-content/uploads/2016/04/04a4b0f3a7057ebb9c75391b5965dd6f.pdf
- 増田 聡・岩船昌起（2014）：住まいの再建と復興計画の再検証（連載 仮設住民のくらし：震災から 2 年 第 11 回）．地理，59 (3)，78-88．
- 岩船昌起ほか（2016）：東日本大震災での避難行動と避難生活：岩手県山田町の津波被災地での地理学的「震災記録」．E-journal GEO，11 巻 2 号，印刷中．
https://www.jstage.jst.go.jp/browse/ejgeo/-char/ja/

写真 1　屋久島の宮之浦公民館
2015 年 5 月 29 日の口永良部島新岳噴火で，口永良部島から屋久島への避難者が入所した避難所の一つ．普段穏やかに暮らす島民は，多くの報道関係者に取り囲まれて，外に出難い生活が続くことになった．2015 年 5 月 30 日撮影．

VII 「被災者」と「被災地」
——時空間とともに移り変わる

1.「被災」とは何か

　本章では，前章までの流れとは別に，「被災者」や「被災地」の定義を根本的に論じてみたい。被災地研究の基礎的な部分を編著者自身でも整理したい意図もあり，かつ被災地の空間認識にかかわる「たたき台」を提示しておいた方が良いと考えたからである。

　「被災」という言葉は，さまざまな災害との関連から，いろいろな媒体等を通じて，多様な地域で立場が異なる人びとによって使用されてきた。言葉の意味から素直に考えると，「災い（≒災害）を被る」となるものの，その「災害」の度合いや直接・間接の別などによって，被災の大小は連続的に変化し，いくつかの段階に便宜的に分けることが可能であろう。被災者にかかわる政策や施策におい

写真7-1　市街地に流入した津波
宮古市提供の「津波映像」の静止画。防災教育DVD「堤防を越えた津波」に収録。2011年3月11日，宮古市職員伊藤眞氏撮影。

写真 7-2 宮古市鍬ヶ崎「被災地区」の全壊流失区
防潮堤がない鍬ヶ崎地区では，第 1 波だけでなく，第 2 波以降も津波が侵入し，押し波と引き波が繰り返されて壊滅的な被害を受けた。2011 年 3 月 20 日撮影。

ても一定の基準を設けて制度が適用される場合とされない場合があり，被災の度合いを何らかの方法で量れることが分かる。そこで，東日本大震災での「被災者支援制度」が適用される基準をまずは考えてみたい。

宮古市ホームページ「被災者支援制度一覧」によると (宮古市 HP)，種々の「被災者支援制度」が適用されるためには，「建物被害」が一つの基準となっており，居住家屋や入居施設が基本的に「半壊 (≒半焼)」または「宅地被害で居住不可能な場合」以上と認定された人びとが制度を活用できる (表 7-1)。例えば，被災者生活再建支援制度の「基礎支援金」や日本赤十字社などに寄せられた「義援金」がこれらの認定者に支給され，特に「全壊 (≒全焼)」と罹災証明された「被災者」であれば，より手厚い支援を受けられる。また，宮古市独自の「宮古市浸水宅地

表 7-1 「被災者支援制度」などが適用される物的被害の段階

物的被害			
家・入居施設（津波）	（火災）	事業所等（津波）	車 等
全壊（流失）	（焼失）	全壊（流失）	全損（流失）
全壊（滅失）		全壊（滅失）	
全壊（残存）	（全焼）	全壊（残存）	全損（残存）
大規模半壊	（半焼）	大規模半壊	
半壊（床上浸水）		半壊（床上浸水）	
宅地被害で居住不可		宅地被害で居住不可	経済的全損
一部損壊（床下浸水）	（部分焼）	一部損壊（床下浸水）	分損

「被災者支援制度」の大半は，概ね「半壊」以上とされた被災世帯に適用されることが多い。詳細は，宮古市 HP ／被災者支援制度一覧（ガイドブックなど）。
< http://www.city.miyako.iwate.jp/cb/hpc/Article-9923.html >

写真 7-3　被災直後の宮古市鍬ヶ崎地区
幼なじみの家も津波による漂流物（≒ガレキ）に押しつぶされ，その一部となった。倒壊しなかった家屋の間にガレキが確認できる。2011 年 3 月 20 日撮影。

写真 7-4　被災後約 3 カ月経った鍬ヶ崎地区
ガレキが撤去され，浸水した家屋の解体がすすみ，さら地が増えた。山々には落葉樹の葉が生い茂った。2011 年 6 月 16 日撮影。

写真 7-5　宮古市第二中学校体育館に開設された避難所（再掲写真 2-1）
発災当日，石油ストーブ 2 つの体育館に避難した人びとは，1 人毛布 1 枚で過ごしたという。気温は 10℃弱であろうか。2011 年 3 月 18 日撮影。

復旧支援事業」があり，これでは「津波による浸水により被災した宅地（≒床下浸水以上）」に新築の住居を建てる場合には補助金を得られることから，「一部損壊（≒床下浸水）」とされた人びとも「被災者支援制度」の一部を活用できている。

　一方，「被災者支援制度」は，人的被害を受けた当事者および関係者にも適用される。例えば，発災時に「生計を同じくしている 2 親等」以内の方が亡くなった場合に「遺族」に対して「災害弔慰金」が支給され，負傷や疾病で精神または身体に著しい障害が出た場合には本人に「災害障害見舞金」が支給される（表 7-2）。また，発災時に亡くならなかったものの，それ以後，症状や体調が改善することなく悪化して避難所などで死に至った場合などには，申請して「災害関連死」が認められると，「災害弔慰金」と「災害義援金」が遺族に支給される（復興庁 HP）。

　このように，「被災者支援制度」などの対象となる「被災者」は，居住家屋の「半壊」以上や「生計を同じくしている 2 親等」以内の家族の「死」など，「被災の度合い」が極めて大きい人びとであり，基本的に明確な基準で認定されている。税金や寄付から義援金が支給される制度の運用にかかわるものであるので，線引きの厳格

表 7-2 「被災者支援制度」などが適用される人的被害の段階

人的被害						
【発災期】	本人	2親等_※	他の親族	近しい友人	友人	知人
生命	死	死	死	死	死	死
外傷	重症	重症	重症	重症	重症	重症
	中等症	中等症	中等症	中等症	中等症	中等症
	軽症	軽症	軽症	軽症	軽症	軽症
精神疾患	重症	重症	重症	重症	重症	重症
	中等症	中等症	中等症	中等症	中等症	中等症
	軽症	軽症	軽症	軽症	軽症	軽症
【避難所】	本人	2親等_※	他の親族	近しい友人	友人	知人
生命	死	死	死	死	死	死
急性疾患	重症	重症	重症	重症	重症	重症
	中等症	中等症	中等症	中等症	中等症	中等症
	軽症	軽症	軽症	軽症	軽症	軽症
精神疾患	重症	重症	重症	重症	重症	重症
	中等症	中等症	中等症	中等症	中等症	中等症
	軽症	軽症	軽症	軽症	軽症	軽症
【仮設住宅等】	本人	2親等_※	他の親族	近しい友人	友人	知人
生命	死	死	死	死	死	死
慢性疾患	重症	重症	重症	重症	重症	重症
	中等症	中等症	中等症	中等症	中等症	中等症
	軽症	軽症	軽症	軽症	軽症	軽症
精神疾患	重症	重症	重症	重症	重症	重症
	中等症	中等症	中等症	中等症	中等症	中等症
	軽症	軽症	軽症	軽症	軽症	軽症

※生計を同じくしている場合とそうでない場合にさらに分けられる。
「人間関係」に重点を置けば，発災期だけでも多くのカテゴリーを設けることができる。その中で，「被災者支援制度」の対象となるのは，「生計を同じくしている2親等」の親族が死亡した場合などである。詳細は，宮古市HP／被災者支援制度一覧などを参考に編著者が作成。
< http://www.city.miyako.iwate.jp/cb/hpc/Article-9923.html >．

化は当然であろう。

　しかし，表7-2からも分かるように，発災期の人的被害だけに限っても多様な項目（≒基準）を設定することが可能であり，本来の「被災」は多様な状態であることが分かる。また，発災期以降の時間の流れに応じて，例えば「避難所入所期」や「仮設住宅居住期」などのように設けた期間内でも同様な評価表を構成でき，「災害」が発災期だけでなく「復旧・復興期」に及ぶ長期間の現象であることがわかる。これは，前述した避難所などでの「災害関連死」が災害の延長上での人的被害として認められ，「災害弔慰金」と「災害義援金」が遺族に支給されているこ

とからも支持されていると考えて良いであろう。

　仮設住宅での「突然死」の大半は，「災害関連死」として認定されていない例が多い（岩船 2013）。「被災者支援制度」の適用において物的被害では「半壊」以上という一定の基準があるように，発災からの時間的経過がともなう「災害関連死」でも，「発災以後，身心にかかわる症状や体調が改善することなく悪化して避難所などで死に至る」という一定の基準を設けて，多様な「災害に関連した死」と区別しているためである。「災害弔慰金」などが支給される制度の運営上，限定する必要があることが理解はできるが，「災害に関連した死」は復旧期以降震災 5 年の現在までも仮設住宅や災害公営住宅などで多く生じており，「改善することなく」の定義に曖昧さが残ることに疑問を感じつつ，これらの「遺族」の方々の大半は「津波災害」に端を発した「東日本大震災」の一連の流れの中で生じた「死」と感じているはずだ。

2. 被災者のストレス

　宮古市で「被災者」同士が震災後に初めて会い，お互いに見かけ上元気そうであれば，会話の流れにおいて，どちらかが次のように切り出す。「おめさんがどごは，どうだった？」，「うぢは，（津波で）流されでしまったが…」，「それは，うぢより大変だぁ〜。うぢは，2 階まで津波が来たけども流されながったがらぁ〜」というように，特に元々知り合いであったり，初対面でも話しやすい人であったりする場合には，「被災の度合い」をお互いで話し，比較することが多い。興

写真 7-6　道路開通工事で並べられた「津波で流された車」
車は，浸水深 10 〜 20cm でも津波に動かされ，それ以上の浸水深になると浮きながら流される。そのために，浸水域のギリギリ付近までガレキと共に多くの車が運ばれてきた。2011 年 3 月 20 日撮影。

味本位で聴き出している面も少しはあるだろうが，相手の被災にかかわる基本情報を入手し，今後の円滑な人間関係を維持しようとするための掛け合いでもある。

　被災者個々の頭の中には，表 7-1 と表 7-2 のような換算表があり，それぞれの被災のイベントの点数が合計されて「被災値」が算定され，独自に「被災の度合い」を比較しているのだろう。

　また，発災から数週間後で避難所が運営されていた時の「被災者」同士の会話では，「おらが方では，車を 3 台も流されだがぁ～」，「なぁ～に，車くれぇ～，うぢは，家も何もかも流されだがぁ～」というやり取りがあり，口論に発展したという。車を流された人も「財産」を失った「被災者」であるが，表 7-1 からも分かるように「被災者支援制度」での対象とされず，自動車重量税の還付などが申請すれば認められる程度の支援を公的に受けた程度であった。車を流された人から直接話を伺ったが，「救ってくれなかった」ことに対する彼の落胆と「被災した」ことを認めてくれなかったことに対する「行政」への恨み節は，延々と続いた。

　家も何もかも流されたが手厚い支援を受けた方と，車を 3 台流されたが支援をほとんど得られなかった方とでは，精神的なダメージはどちらが大きかったのだろうか。

　個人のストレスと社会的なイベントなどとの関係を整理した「社会再適応評価尺度（Holmes & Rahe 1967）」がある（表 7-3）。該当するストレス値合計が約 1 年で 200 ～ 300 点が負荷された場合には，その翌年に過半数の人が心身に何らかの変調をきたし，300 点以上の場合には 80％の人がそうなるという。

　この尺度では，「避難所に入る」や「仮設住宅に入る」などの項目がないものの，目安として知人の「被災者」2 人のストレス値を 2010 年から年ごとに算出してみた（表 7-4）。

　被災者 A は，年金暮らしの高齢者で，発災時に配偶者を亡くし，津波で家を失った。2010 年には 0 であり，震災前のストレス値はかなり低い状態で「平凡だが幸せな暮らし」を続けていたという。しかし，2011 年には「配偶者の死」などによって 399 に急増し，高血圧や不眠などの心身の不調がすぐに現れたという。2012 年にも 377 と高いストレス値を保ち，医師と相談しながら降圧剤を服用する。2013 年には 232 となり，多少ストレス値が減少したものの，「翌年に過半数の人が心身に何らかの変調をきたす」状態を維持している。

表 7-3　社会再適応評価尺度（SRRS：Social Readjustment Rating Scale）

【1】	配偶者の死	100	【23】	息子や娘が家を離れる	29
【2】	離婚	73	【24】	姻戚とのトラブル	29
【3】	夫婦別居生活	65	【25】	個人的な輝かしい成功	28
【4】	拘留、または刑務所入り	63	【26】	妻の就職や離職	26
【5】	肉親の死	63	【27】	就学・卒業・退学	26
【6】	自分の病気や傷害	53	【28】	生活条件の変化	25
【7】	結婚	50	【29】	個人的な習慣の変更	24
【8】	解雇	47	【30】	上司とのトラブル	23
【9】	夫婦の和解調停	45	【31】	仕事時間や仕事条件の変化	20
【10】	退職	45	【32】	住居の変更	20
【11】	家族の病気	44	【33】	学校をかわる	20
【12】	妊娠	40	【34】	レクリエーションの変化	19
【13】	性的障害	39	【35】	教会活動の変化	19
【14】	新たな家族成員の増加	39	【36】	社会活動の変化	18
【15】	職業上の再適応	39	【37】	約1万ドル以下の借金	17
【16】	経済状態の変化	38	【38】	睡眠習慣の変化	16
【17】	親友の死	37	【39】	親戚づき合いの回数の変化	15
【18】	転職	36	【40】	食習慣の変化	15
【19】	配偶者との口論の回数の変化	35	【41】	休暇	13
【20】	約1万ドル以上の借金	31	【42】	クリスマス	12
【21】	担保、貸付金の損失	30	【43】	ささいな違法行為	11
【22】	仕事上の責任の変化	29			

社会学者ホームズと内科医レイは，5000人を超える精神的不調患者に面接して身体疾患の発症に先立つ生活上の重要な出来事43項目を抽出し，さらに397人の男女に，結婚生活の適応に要した負担などを50点とした場合，それぞれの項目の出来事は何点くらいのストレスに相当するかを評価してもらった。Holmes, T. H. and Rahe, R. H.（1967）より。

表 7-4　社会再適応評価尺度による被災者2人の得点の比較

	被災者 A	被災者 B
2010	0	131
2011	399	309
2012	377	416
2013	232	495

70代女性のAと40代男性のBについて，2010年から年ごとに評価した。

　一方，40代男性の被災者B（写真7-7の男性ではない）は，2010年には131で高齢の被災者Aより比較的ストレス値が高い生活を送っていた。そして，発災時に自宅が津波で全壊しかつ職場の被災によって職を失うなどして2011年には309と高くなり，2012年に夫婦別居生活や転職の繰り返しで416とより高くなり，2013年に離婚などで495とさらに高くなった。震災をきっかけに「負のスパイ

ラル」に陥るパターンであり，ストレス値が年々増加し，心身に何らかの健康障害を起こす可能性が極めて高い状態がどんどん強化されている。

　被災者の状態を定量的データとして蓄積するには，復旧・復興期を含めた「震災」の特殊な社会環境を考慮できる形式に尺度を調整する必要があるものの，教育現場などで被災者の精神状態を想像する上では，「社会再適応評価尺度」をそのまま用いて，生徒など「非被災者」自身のストレス値と比較することも有効であろう。

　また，表 7-1 と表 7-2 についても，項目を精査しつつ尺度化できれば，異なる種類の被災についてもそれらの度合いを定量化して判断できるようになり，特に閾値付近での支援の適用基準としても活用することは可能ではないだろうか。

　ところで，次ページの図 7-1（災害での「こころ」の回復過程）はあくまでも生活再建を果たす人を想定した回復傾向であり，再建できずに発災時以上のより強いストレス（複合的で異質）にさらされながら日々を暮らし続ける人びとも比較的多いように思う。

　その根本的な原因の一つには，例えば，三陸沿岸の地域住民の場合，所得の低さが挙げられるだろう。日本全国に共通して「地方」では高齢化と過疎化が進展している。宮古の高齢者の大半は「年金暮らし」であり，震災の前までは，人生の終末期に掛かるだろう諸費用を削らぬように，かつ少しでも子や孫に財産を残せるように年 100 万円前後の年金などの収入を基本に預貯金をわずかに切り崩し

写真 7-7　調査に協力してくれた「被災者」
山田町中心部にあった自宅は津波で流失し，周囲の町並みは火災で焼失した。彼は，自ら自宅跡地に立ち，写真を撮らせてくれた。2011 年 5 月 19 日撮影。

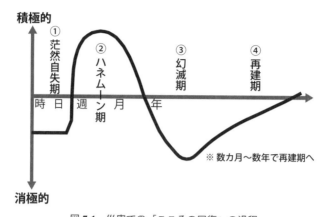

図 7-1　災害での「こころの回復」の過程
発災後 4 段階のプロセスをたどるというが、災害の種類や規模、
地域や集団、個人の特性などに応じてその変化は一様ではない。
東京都保健福祉 HP などから筆者が作成。

ながら慎ましい生活を続けてきた。また、働く意欲がある若者であっても震災前に宮古市では「一人当たりの市町村民所得」が約 200 万円を大きく上回る人は少なく（図 7-2：図 1-3 の再掲）、月十数万円強の手取りで地道に暮らしていた。このような市民所得を生み出す経済基盤上に成り立つ宮古市を始めとする三陸沿岸の市町村では、震災で海にかかわる産業が壊滅的な打撃を受け、かつ個人の総資産が大幅に減少した。たとえ震災前の水準に今後経済状況が回復しつつあるとしても、地域が再生し続ける体力は極めて乏しく、「復興予算」が終了すれば、志を持って宮古市に移住してきた非正規雇用の若者の収入が絶たれ、かつ他の都市への再移住を迫られることから、沿岸諸地域では高齢化がさらに進展し、地域の活力が奪われることが容易に予測できる。

3.「被災地」の特性

　津波災害被災地区の場合、基本的に 2011 年の津波で突発的に浸水した範囲であり、将来津波が再来する可能性があるものの、津波が再来しない期間であれば、その場所に住み続けることが可能で、精神的な負担などを除けば健康上の被害はない。しかしながら、福島などの原子力災害被災地区の場合、放射性物質が風向きなどに応じて運搬されて以降もその汚染によって健康被害が潜在的に進行して

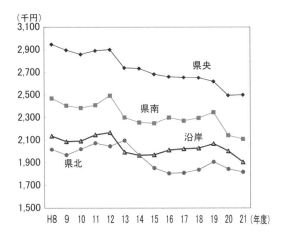

図 7-2　一人当たり市町村民所得の推移（広域振興圏別）（図 1-3 の再掲）
「岩手県の市町村民所得推計の推移〔調査分析レポートNo. 23-13〕平成 24 年 3 月 21 日」より筆者が作成。

いると考えられ，その被害の度合いが放射性物質の半減期などに応じて徐々に小さくなるものの，発災期が復旧期と同時並行で数日・数カ月・数年も継続すると考えるべきであろう。従って，過去に発災期が終息した津波災害と場所によって現在でも発災期が継続している原子力災害とでは全く別の性質を持つ「災害」と考える必要があり，補償のあり方も異なってくるはずであろう。

　津波災害では，2011 年の津波での「浸水範囲」から明確に「被災地区」を特定できる（図 7-3）。そして，表 7-1 の家などの物的被害を基準にすると，「被災地区」の中でも例えば「流失木造家屋」や「2 階まで浸水した全壊家屋」などの分布から「木造家屋流失区」や「家屋残存区」などの小地区を任意で設けることが可能である。これは，あくまでも「過去のイベント（≒プロセス）」が形成した景観などに基づく地域空間単位である。

　一方，原子力災害では，「現在」の空間線量の分布に基づいて「被災地区」が特定され，人間の健康に与える影響の質ごとの閾値でさらに細分されている。しかし，その範囲は，市町村などの一つの行政域をまるまる納める程広大であり，「被災地区」が市町村の一つの行政域の一部にとどまる津波災害とは大きく異なる。

　他方，「被災地」については，「被災地区」とかかわりがある「空間範囲」を「地域」の捉え方との関連で示している用語であろう。前述したように「被災」に度合いがあることから，「被災地」も，周辺地域との相対的な関係を踏まえつつ，ある

図7-3　宮古市中心市街地での浸水範囲
「浸水域範囲」が、津波災害における基本的な「被災地区」と認定できる。国土地理院HP空中写真を基に筆者が作成。

一定の基準や閾値を用いて任意で階層的・重層的に設定できる。例えば、被災市町村、被災県、被災三県などのように、一般的に行政域がそのまま用いられ、分けられる地域単位で相対的に「被災地」が設定されている。そして、津波災害被災地では、「被災地区」に近いほど、発災前後で地域が変容した度合いが相対的に大きく、かつ表7-1や表7-2の項目で「重い」部分に該当する人びとが多く住むことから、「被災地」と認識される傾向が強い。

4.「被災地」への訪問者

　蛇足になるが、全国社会福祉協議会HPの「東日本大震災ボランティア活動者数の推移」によると（図7-4）、2011年春季と夏季には被災3県合計でボランティア活動者は月10万人以上であったものの、2011年秋季以降には激減したことが分かる。若者などが休暇を取りやすい夏季で比較すると、2011年8月が10万1千人強、2012年8月が3万人弱、2013年8月には1万2千人強、2014年8月には1万人弱、2015年8月には7千人弱であった。
　ボランティア活動者に限らず、東日本大震災「被災地」への訪問者数は今後さ

VII 「被災者」と「被災地」　83

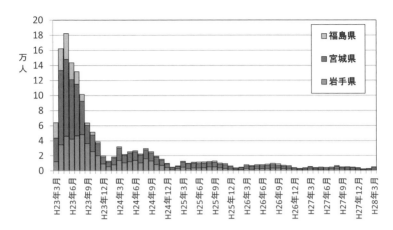

図 7-4　東日本大震災被災地でのボランティア活動者数の推移の傾向
全社協 被災地支援・災害ボランティア情報 HP ／東日本大震災ボランティア活動者数の推移< http://www.saigaivc.com/ >より筆者が作成。

らに減少するであろう。「発災」直後には土砂の片づけや物資の運搬など分かりやすい肉体労働が多かったが，復旧が進み見た目での「生活再建」が果たされると取り組みやすい仕事がほとんどなくなる。震災2年目以降から現在も被災地に継続して来て下さるボランティアは，宗教関係の方々が多い。プロテスタント系，カトリック系，日蓮宗関係者などにお会いしたが，信条に従い強い信念を持って「被災者を人間的に救いたい」と思って来て下さる方々であった。

　震災5年目が過ぎ，被災地にかかわる研究者もこれからさらに少ないことが予想される。前述の「2015年口永良部島新岳噴火にかかわる災害」や「2016年熊本地震災害」など，日本列島では今後

写真 7-8　B級グルメ「富士宮やきそば」の振る舞い
日蓮宗関係者を中心とした「人と街づくり支援の会」による。東日本大震災被災地に限らずにさまざまな被災地で活動しているという。2013年9月15日撮影。

写真 7-9 「仮設住宅健康運動教室」での「共同お手玉」
ボールを右隣の人の上に投げ，直後に左隣の人からのボールを受け取る。若い「お兄さん」を中心に笑い声が弾む。2013 年 11 月 19 日撮影。

もさまざまな災害が発生し，多くの方々の関心は新しい災害にどうしても向けられるはずである。最終的には，被災地にかかわりが深い人間を中心とした人びとでの活動に収れんしていくのであろう。

(岩船昌起)

【参考文献・URL】
- 岩船昌起 2012「堤防を越えた津波－映像からわかる津波の動きと避難行動（日本語版）」．南九州ケーブルテレビネット株式会社，DVD，87 分．
- 宮古市 HP ／被災者支援制度一覧
  http://www.city.miyako.iwate.jp/cb/hpc/Article-9923.html
- 復興庁 HP ／震災関連死に関する検討会
  http://www.reconstruction.go.jp/topics/main-cat2/sub-cat2-2/
- 岩船昌起 2013「仮設住宅での突然死―『健康な地理学』の視点から」．（連載 仮設住宅のくらし：震災から 2 年 第 2 回）．地理，58 (5), 62-71．
- Holmes, T. H. and Rahe, R. H. 1967, The social readjustment rating scale. Journal of Psychosomatic research, 11, 213-218.
- 全社協 被災地支援・災害ボランティア情報 HP ／東日本大震災ボランティア活動者数の推移
  http://www.saigaivc.com/

コラム③
発災直後の生活支援を考える
―― 近親者を核とした人的資源の派遣 ――

　この章は，2011年5月末に刊行された月刊地理の「東日本大震災」特集号に寄稿した文をほぼそのまま掲載する。後から加筆修正することも考えたが，2011年4月に執筆し，東日本大震災の発災からほぼ1カ月後の考えをまとめたものとして記録しておきたい。

1.「被災地出身者」の視点から

　私の故郷は岩手県宮古市。私事で恐縮だが，東日本大震災の津波で実家が2階の床まで浸水し，知人・友人が死亡または行方不明となった。多くの方々のご協力を得て3月中に秋田空港を経由して故郷に2回帰り，被災した両親や親戚の生活支援を直接行えた。まずは関係者の方々にお礼を申し上げたい。そしてこの間，「被災地出身者」の視点から被災の状況や復旧の過程を観察し，その後も電話やメールなどによる情報交換で現地の変化を見守ってきた。本稿では，2回の滞在

写真1　宮古市築地地区の自宅に帰る母
閉伊川左岸の築地地区では，家屋が4m程度浸水した。編著者の自宅は，大正期に建てられた木造家屋であったが，写真奥の鉄塔があるNTTの建物や岩手銀行の裏側（写真左側の家の列沿い）にあり，写真右奥からの津波の直撃を受けなかった。2011年3月19日撮影。

とその後の情報交換から得られた現地情報の中でも「被災した高齢者」に注目し，その姿を報告する。また，数県に及ぶ広域のエリアが被災して自治体の機能が失われるような「大震災」での人的資源の外部からの補強についても議論したい。

2. 宮古市での両親の生活支援

3月11日14時46分の地震発生時，81歳の父と71歳の母は，ご近所付き合いの延長で世話をしていた90歳の知人が入居する高台の老人ホームを訪問した後で，自宅への帰る国道45号線上の車中にいた（図9-1）。大きく長く揺れて，停電で信号が消え，自宅がある閉伊川河口左岸の平野に下る区間が大渋滞となった。Uターンして車を前述の老人ホームに駐車して歩いて街に向かったが，平野の街から高台に上がってきた人びとから津波で街が被害を受けたことを知らされ，第二中学校に避難した。夕飯のおにぎり1個とたくあん2切と毛布1枚が1人に支給され，石油ストーブとロウソクが灯された薄暗い教室の中で早々に就寝した。

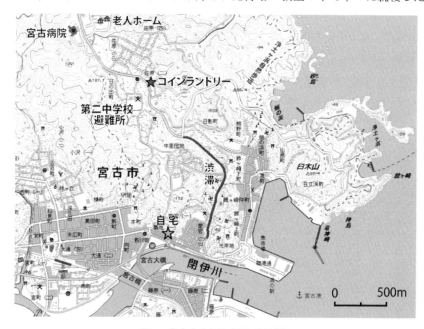

図1　宮古市中心地付近の地形図
中央部の太線は，道路の渋滞区間。国土地理院HP「ウォッちず」
（当時：現在は「地理院地図」）に基づき作成。

夜中には，余震がしばしばあったこと，推定で室温が10℃程度で寒かったこと，隣で寝ている高齢者に「無意識で」毛布を取られたこと，「認知症らしき」高齢者が叫び徘徊したこと，犬が鳴いたことなどのため，時々目を覚ましたという。

翌日12日には，避難所で毛布に包まって「情報交換（話）」をすることを基本としたが，高齢でも健康で活動的な母は要介護者のトイレ補助や清掃などを手伝った。また13日に津波が収まっても強い余震が頻発し，14日までは「避難所に留まる指示」が出されていたという。自衛隊などによる道路整備も進んだ15日には，被災した街に行けるようになり，他の避難所を歩いて訪ねて父方の親戚の無事を確認し，また全壊した自宅にも一時帰宅した。流失しなかったものの「我が家」が2階まで浸水した事実は，父親には特にショックであったと思う。

被災した現実に困惑しながらも，15日以降「片付け」を始めた。標高約100mの高台の避難所から被災した自宅までの約3kmの道のりを往復で歩き，最高気温10℃未満の寒さの中で1日6時間以上の作業を毎日行った。避難所から運んだ水や溜めた雨水で「家財」にへばり付いた津波の泥を洗い流し，知人から借りた倉庫にそれらを担いで運搬した。宮古市から西方約90kmの盛岡市との直通バスが17日に一日3便が再開し，盛岡在住の姉が手伝いに来た。18日には筆者が友人から借りた車に水と食糧を中心に200kg以上の物資を載せて秋田から実家に到着した。我々子どもたちの帰郷で両親も「元気になった」そうで，「片付け」にも勢いが増した。また，気分転換を兼ねて生活の場を避難所から倉庫に移し，私も寝泊まりした。電気・ガス・水道がまだ来ない倉庫でのロウソク生活であったが，周囲に気兼ねすることなく過ごせるようになったことで安堵した様子だった。

両親と一緒に過ごして「二人とも疲れている」ことを実感した。食後の昼寝が日課であった父は「ウエストが細ぐなった」と喜んでいたが，疲労の蓄積も影響して動作が鈍く不正確になり，段差に躓いたり物を倒したりすることもあった。また，夜中にいびきが聞こえなくなったと思ったら，むくりと上半身を起こしてしばらく身動きをしなかった。そして，昼間には独り言をしゃべる回数が増えたり，イライラして母に当たる場面もみかけるようになった。

一方，母は，津波で被災しなかった高台の区域で電気と水道が復旧したと思われる20日の翌朝4時頃（21日），「洗濯をしたい…」と寝床でつぶやいた。早起きをして洗濯をしてラジオ体操をすることが毎朝の日課であった母は，高台の街

写真2 「二中」の避難所近くの
コインランドリー
朝6時の開店ともに10名弱の被災者が訪れた。2011年3月21日撮影。なお，写真9-2，9-3は携帯電話のカメラで撮影した画像であり，低解像度である。

写真3 コインランドリーの
「複雑な料金支払いシステム」
カード発行機とカード入金機の2つの存在が「高齢な被災者」を悩ませた。2011年3月21日撮影。

のコインランドリーに予め目をつけており，洗濯の機会をうかがっていたのだ。モゾモゾして起きる準備を始めたので，しばらくしてから私も起き，5時過ぎに一緒に出かけることとした。そのコインランドリーではプリペイドカードを使用する「複雑な支払方法」を採用しており，壁に貼られたマニュアルを読み，操作方法を母に説明した。年齢の割に新しいものに興味を示す人であるが，何度か間違って操作し，なかなか覚えられなかった。朝6時の開店直後に訪れた10名弱の方々も「マニュアルを読んでも分がんねぇ」と言って，説明の聞き手に加わり，次々に質問された。ぎこちなく操作して洗濯機が回ったり乾燥器が動き始めると歓喜が上がり，笑い声の中で1時間程度「店員さん」として一人一人の操作を手伝った。母の質問で，彼らが「街が壊滅」した田老地区や鍬ヶ崎地区の被災者であることが分かった。自らの被災状況を笑って話す人もおり，洗濯に来た人たちは気持ちを切り替えようとしていたのかもしれないと感じた。

3．三陸沿岸の「被災者の人柄」

　高齢者を中心とした被災者は，血縁者や地縁者の死や行方不明，家や家財などの流失や損壊など，津波による絶大な衝撃に打ちのめされた後も，生活習慣の激変から多大なストレスを日々感じている。しかしながら，大半の人びとは，その困難な生活を受け入れるために「うぢはまだいい方だぁ〜」という呪文を何度も

写真4　給水車から水をもらう山田町の被災者
山田町では宮古市に比べて復旧が遅れている。避難所となっている龍昌寺の山門の下まで津波が押し寄せ、門前付近のこの写真撮影範囲では1m程度浸水した。水道が復旧した4月半ばまで給水車から水をもらう生活が続いた。2011年3月30日撮影。

唱え、「マイナスをゼロに戻す」ための「片付け」を忍耐強く行っていた。東北新幹線の復旧の遅れや日々の仕事などに追われて被災地にまだ入れなかった遠方に住む息子や娘たちには「来なくても大丈夫だ」と強がっていた。そこには、本当は「来て欲しい」し、片付けも手伝ってもらいたい。でもちょっと気も遣うし、子どもたちが仕事を休むことへの心配などが複雑に混ざっていたのだ。

一方、被災地の自治体の関係者は、さまざまな仕事で忙殺されている。自宅の「片付け」もできずに庁舎での復旧作業や泊まりがけでの避難所の世話なども行い、外部からの仕事に応じる余裕が全くなかった。被災数週間後の避難所の統合などで、時々休みが取れるようになった自治体もあるが、仕事が山積みされている事実は変わらず、被災者への気遣いから「夜の飲食の自主規制」など余暇的な活動も自粛しており、緊張状態は続いている。被災地への義援金が被災者全員に

直接配布されるまでなかなか漕ぎ着けない状況に，「人手が足りない現状で，中央官庁や県などの人たちに来てもらい，被災者に直接手渡して欲しい」との本音を漏らす職員もいた。

　三陸沿岸の自治体では，津波の規模やその後の火災の有無，地形・地質，建物の材質や立地，街の三次元的な構造などに応じて被災の度合いが異なる。宮古市のように自治体関係者の人的被害がかなり少なく復旧が比較的進んでいる地域もあれば，大槌町や陸前高田市などのように現場で動ける人手が圧倒的に少ないところもある。4月半ばの段階で被災地の人的資源の補強にかかわるボランティアの募集が多くの自治体で「団体」に限られていた一因として，被災地・被災者の実態を把握し理解できる「調整役」の不足が挙げられる。また他には，三陸沿岸の人びとの「シャイ」な気質との関連も指摘できるかもしれない。特に高齢者を始めとした現地の人びとは，阪神大震災で被災した「関西の人びと」と比較してあまり自己主張をせず，ボランティアが来て手伝ってくれることはうれしいが，それ以上に気を遣い過ぎて疲れてしまう傾向を持っている。

　従って，今回の「大震災」で被災地となった三陸沿岸を支援するには，地域ごとの復旧の度合いやニーズの変化に対応するとともに，被災地の地域性や被災者の気質などにも配慮できる方法を適応するべきであろう。

4．被災が少ない地域からの人的資源の派遣

　現在（2011年4月の時点），被災があまりなかった地域では，多くの「個人」がボランティア活動を希望している。この方々を集約して「団体」化して被災地に送り込めないだろうか。

　派遣されるボランティアは，被災地と被災者に負担をかけない「自己完結型」を基本としたい。テントや寝袋持参で食料も自身で賄える「登山的なスタイル」が可能な方，被災地の事情が分かり被災者と気兼ねなく話せるだけでなく自治体とも連携が取れる出身者，集団の運営が得意な世話人などからなるチームを10名程度で組織化し，故郷の親・親戚・友人・知人から得られた「自治体関係者が気づかない現地情報」に基づき，それぞれの出身者の故郷に入って被災者のニーズに合わせた活動を自治体とは独立して展開する。

　その資金として，活動の趣旨に賛同して集まった「募金（支援金）」を基本とし，

写真 5　焼け焦げた山田駅と元山岳部のボランティア
山田町では津波の後に火災が発生した。一昼夜続いたそうで，避難所の龍昌寺に居た人びとは，「(プロパンガスのボンベや車の燃料タンクなどが) 爆発する音が徐々に近づき，怖くて眠られなかった」という。2011 年 3 月 30 日撮影。

都道府県や市町村からも補助を頂けないだろうか。これらは，派遣前の 2 日間程度の研修や必要な物資などにかかる費用，旅費，派遣者が勤める企業や組織などへの負担金などへの支出が考えられる。また，派遣者を送り出してくれた企業などを援助することも被災地の復旧・復興に間接的につながることから，定年した前職者などがボランティアで一時的に派遣者の仕事を代行する仕組みも構築したらよいだろう。

　今回の想定を超えた大震災では，従来の発想を超えた支援の仕組が必要である。遠方の血縁者を含めた人的資源の送り込みは，被災した共同体を"地縁"という空間の枠を越えて"血縁"で各地と結び，全国に点在する出身者とその関係者を一時的に共同体のサテライトとすることとも解釈できる。今回の震災を機に，この人的資源を送り込む仕組みを日本全国で実践しつつ整備すれば，全国の共同体のネットワーク化を促進し，今後，日本のどこかで生じるだろう「想定外の大震災」にも，災害直後から数週間での人手が一番必要な時に迅速で手厚い被災者の生活支援が可能となろう。

VIII 被災地での防災力の低下
―― 消防団員の移住と高齢化

1. 被災地での「津波注意報」

　2012年12月7日17時19分頃,岩手県盛岡市から宮古市に向かう106急行バスの中で,乗客の携帯電話から緊急地震速報のアラーム音が一斉に鳴り響いた。1年9カ月前にも聞いたあの「嫌な音」だった。

　これは,三陸沖,牡鹿半島の東約240km付近の深さ約10kmを震源として発生した「平成24年12月7日17時18分頃の三陸沖の地震(マグニチュード7.3)」を知らせるものであった。この地震に対し,地震検知から6.6秒後の17時19分5.2秒に緊急地震速報(警報)が発表され,津波注意報が岩手県では7日17時22分に発表され,7日19時20分に解除された。一方,この地震による強い揺れを受けて,宮古市では「17時18分」に災害警戒本部が設置された(岩手県総務部総合防災室平成24年12月11日発表資料)。なお,この地震で,盛岡市と滝沢村で震度5弱,また久慈市,宮古市,陸前高田市などで震度4が観測されている(気象庁2012)。

写真8-1　宮古市鍬ヶ崎の蛸ノ浜
宮古湾沿岸の土地は,100年間に数回津波が襲来する。これを前提にした長期的な視点で「まちづくり」を進める必要がある。2013年4月19日撮影。

Ⅷ 被災地での防災力の低下　93

写真 8-2　宮古駅前のタクシー乗り場
通常，数台以上のタクシーが待機している。
2013 年 7 月 14 日撮影。

写真 8-3　宮古市役所周辺の津波被災地区
市庁舎東北側の新川町（国道 45 号手前）と築地（奥）では，津波で全壊した建物が取り壊されて見通しが良くなった。2011 年 6 月 16 日撮影。

　バスは，震度 4 の地震に見舞われたはずであったが，大きな揺れで停車することはなかった。騒然とした車内では，乗客は互いに顔を見合せ，ある者は「まだ津波が来んのがなぁ～」とつぶやいたり，他の者は情報を得るために携帯電話を操作し始めたりした。そして，「(17 時 22 分に岩手県沿岸に) 津波注意報が出だ」，「親と携帯が通じねぇ～」，「私の家には海沿いを通らねぇど帰れねぇ～」，「どうすっぺぇ～」など，不安な声があちらこちらから聞こえた。私も，親が住む「愛宕小学校仮設住宅」に宮古駅から歩いて帰るつもりでいたが，東日本大震災による被災地区を津波到達予想時刻直後に通ることになるので，海側の道を移動しない「帰り方」を考え始めていた（図 8-1）。

　市街地に入り，津波への注意を促すアナウンスが車内で流れた。18 時前，宮古駅前にバスが到着して，すべての客が降車した。駅前ロータリーを見まわしたが，乗り場にはタクシーが 1 台も待機していなかった。後で聞けば「(津波到達

図 8-1 宮古中心市街地
2012 年 12 月 7 日の津波注意報時に筆者が乗車したタクシーのルートおよび第一分団の津波警戒活動にかかわる地理的情報などを示す。元図は，2.5 万分の 1 地形図「宮古」（国土地理院 HP「地図閲覧サービス（ウォッちず）」より）。

予想時刻が 17 時 50 分だったために）津波を恐れて大半のタクシーが高台に避難していた」という。

そこで，流れて来るタクシーを狙い，駅から反対方向に少し歩いた。客が降りた直後のタクシーを運良く直ぐに捕まえることができ，直後に近寄ってきた「おばあちゃん」が同じ帰り方向の「中里団地」であったので，相乗りして「愛宕」方面に向かうこととした。

運転手には，乗車してから「沢田の坂道を通って，高台の中里団地経由で愛宕に向かってください」と，図 8-1 の「想定した『安全な道』」を通ることを依頼した。末広町などを東に移動する途中では，「仮に前方 100m 弱先で津波の先端を確認しても，車の移動速度なら次の交差点を左折して山側に逃げれば十分に助かる」と考えていた。そして，タクシーは，本町と向町の間の交差点に差し掛かり，そこで左に曲がって沢田に向かうはずであった（図 8-1 の破線）。しかし，運転手は，ハンドルを左に切らずに車体を直進させ，我々を海側の被災地区へと連れて行った…。

「運転手さん。左に曲がんじゃねぇ～の!?」，「交通規制がねぇがら，大丈夫です」，

「えぇ～，ちょっと待って…」。運転手には引き返す素振りがない。致し方なく，被災地区を通る覚悟を決め，被災家屋が解体されて見通しが良くなった「さら地」を走り抜ける約2分間，進行方向と右側の堤防沿いの道路を注視し，津波が市街地に侵入して来た場合などの行動を頭に描き続けた。

結果として，大津波は来なかった。タクシー運転手が「大丈夫です」と言った通りであった。「津波注意報」なら，大震災以前と同じように避難しなくても大丈夫なのだろうか。

宮古市中心市街地では，藤原地区の一部を除いて2011年の津波で堤防が決壊しなかったことから，仮に小規模な津波がいま来ても既存の堤防に守られて市街地が浸水することはないだろう。宮古市では2012年12月7日の津波注意報時の避難者1898人は「自主避難者」であり，被災地区に「避難勧告」が出されたわけではなかった。

しかし，被災地での津波に対する防災力は，震災以後，確実に低下している。「津波注意報」程度であっても避難した方が良いことは確かで，それを，前述の「津波注意報」時に津波警戒活動を行った「被災地区を管轄する消防分団の団員」の行動を時系列で考察することによって確認したい。

2．消防団員の津波警戒時の対応行動

宮古市の消防団45分団のうち，特に海や川に面した地区を管轄する分団の団員は，地震による揺れを感じた場合，事前の取り決めとして，堤防（防潮堤や河川堤防）の門扉の閉鎖や地域住民の避難誘導などに当たるため，災害本部からの命令・指示を待たずにそれぞれ屯所に向かい，ポンプ自動車や資材を用いて所定の活動を行う。

例えば，被災地区の宮古市新川町に立地する第一分団（図8-1の屯マーク）の団員Aは，2012年12月7日の地震発生時17時18分に屯所所在地隣町の職場におり（Aマーク），道のり約130mを歩いて17時21分に屯所に到着し，屯所から道のり約50mにある「第三水門」を「1分で閉めた」という。

しかし，被災程度が小さかった地区の仮設住宅に移り住んでいる団員Bは，地震発生時17時18分に仮設住宅で夕食の準備をしており（Bマーク），多少片付け，道のり約1.5kmを歩いて22分後の17時40分に「既に閉じられていた第

写真 8-4　第一分団の屯所 　　　　　　　写真 8-5　第六分団の仮設の屯所
市庁舎の東約 100 m に位置する第一分団では，　壊滅的な被害を受けた宮古市鍬ヶ崎地区
ポンプ車などを用いて新川町中心に警戒活動　でも，被災した多くの消防団員の生活が
を行い，「第一水門」「第二水門」「第三水門」　大きく変わった。2013 年 7 月 13 日撮影。
を担当する。2014 年 2 月 14 日撮影。

三水門」に到着した。そして，屯所から道のり約 290 m の中央公民館（中マーク）まで歩いて到着し，津波到達予想時刻の 17 時 50 分に「高台避難」を完了させた。

　そもそも第一分団の場合，22 名の団員からなり，「有事にいつでも実働する団員は 7 名である」という。しかし，自宅か職場が被災し，このうちの 5 名の自宅および／または職場が屯所から遠方になった。そのため，津波に対応して 5 分以内で屯所に来られる距離に通常位置するものが昼間は 2 名で，夜間は 1 名のみとなってしまった。このような脆弱な状態に危機感を感じた団員たちは他の団員に働き掛けたりして若い人を勧誘したが，思った以上に人が集まらずに「今後特に夜の門扉の閉鎖が心配である」という。

　上記の宮古市第一分団の例のように，津波被災地区では，被災者となった消防団員の多くが非被災地区の仮設住宅や災害公営住宅などに移り住んだために，地震発生数分後で津波警戒活動などに従事できる「被災地区で生活する分団員」の人数が極めて少なくなった。震災 5 年目を経て，仮設住宅住民の再編や高所移転先への移住で消防団員が時間距離的にさらに遠方に分散してしまい，かつ団員の高齢化によって，被災地区を管轄する分団の緊急時の津波警戒活動が遅延・破綻する恐れが高まるであろう。仮に新しい居住地区ごとに分団の団員を再編しようとしても，自らの地区の分団に誇りを持ち，帰属意識が高く，かつ長年の信頼関係でお互いの人格や行動を熟知し合っている人びとのまとまりを壊して，新たな

まとまりに同等の役割を期待することは，かなり難しい。

3. 避難可能時間や避難者の体力に応じた避難行動の選択

　津波の規模が想定外となる可能性，津波火災の発生，避難後の食料や物資の配給なども考えると，津波からの避難では，やはり「高台への避難」が最も良い選択であろう．地域防災計画などでも「高台避難」が一般的に推奨されているように，津波の襲来の恐れが生じた場合，人びとは「水平移動」で高台の避難所などを目指すことが「常識」となっている．

　しかしながら，避難経路の状況（昼夜の別，停電も含めての街灯の有無，風雪雨，地震などでの建物の倒壊による移動の障害物の有無）や避難者自身の疲れやケガなどに応じて，高台避難完了までに当初想定した時間よりも多くの時間が費やされて路上で津波に追いつかれる可能性も生じてくる．そこで，ある一定の時間が経過した時点で「津波到達までの残り時間」と「避難者自身の体力や周囲の状況」との関係を考えて，「できる」場合にはそのまま「水平移動」を継続し，「できない」場合には避難ビルなどへの「垂直移動」に切り替えるかの選択が必要になる．そこで，津波からの避難行動におけるこの「ある一定の時間」以降を「選択の段階」とし，それ以前の地震発生直後から基本的に高台への避難を行う段階をここでは便宜的に「所定の段階」とした（表 8-1）．

表 8-1　地震発生から津波到達までの時間が「40 分」の場合

気象庁防災情報など	経過時間	津波到達までの残り時間	避難行動	消防団員らの活動
《地震発生》	00:00	40 分	【所定の段階】 路上経由での「水平避難」で高台等の所定の避難場所へ	【所定業務】
地震速報	00:01	39 分		
津波警報・注意報	00:03	37 分		
津波情報第一報				
津波情報の更新	00:15	25 分		
	00:20	20 分	【選択の段階】 自分の体力に応じ「垂直避難」に切り替え	【公助終了】
	00:30	10 分		「退避 10 分ルール」
	00:35	5 分	【緊急の段階】 「垂直避難」など	
《津波到達》	00:40	0 分		

津波からの避難行動は，基本的に「水平避難」が推奨される「所定の段階」から，津波到達予想時刻 20 分前を一つの目安に「選択の段階」，5 分前で「緊急の段階」にシフトする．

写真 8-6　宮古市街地に流入した津波
宮古市提供の「津波映像」の静止画。防災教育 DVD「堤防を越えた津波」に収録。なお、71 ページ掲載の画像は、この画像の 12 秒後の状態を示す。
2011 年 3 月 11 日、宮古市職員伊藤眞氏撮影。

　宮古市では，2011 年 3 月 11 日津波での消防団員 16 名の殉職を受けて，地域防災計画で「消防団員は津波到達予測時刻 10 分前には高台に避難していなければならない」という「10 分ルール」を定めた。そして，これを完了させるために 20 分前には防災行政無線で団員の避難を呼びかけることとしている。従って，宮古市では津波到達予想時刻の 20 分前からは，浸水の恐れがある地区での消防団などによる公助が基本的一時的に終了し，それ以降から津波到達予想時刻までは共助と自助で住民個々が避難を行われなければならないこととなる。そこで，津波到達予想時刻の 20 分前になった時点を「ある一定の時間」として，これ以降では，避難行動における「選択の段階」に入るものとみなせる。
　また，津波到達予想時刻の直前では津波が直ぐにでも押し寄せてくる可能性があり，「垂直避難」を強く推奨する観点から「5 分前」を一つの目安として「緊急の段階」を設けた。この段階では，ほぼ「自助」だけの時間帯となる。津波が到達し，流速毎秒 1m 以上の流れに巻き込まれた場合，浮遊物がある濁流の中ではどんなに泳力が高い人でも流されてしまい，他人を助けることはまず不可能で，自らの命を守ることすら極めて難しい状況となる。
　ところで，宮古市役所から撮影された「津波映像」の解析から明らかになった「堤

防を越えた津波の動き」の特性としては，以下 7 つが挙げられる（岩船 2012）。

① 10 秒で 50 m の進度
② 浸水深 20 cm で乗用車を流す
③ 30 秒後に全域が浸水
④ 激しい跳水と白波
⑤ 1 分後に浸水深 100 cm
⑥ 浸水深 3m（流速毎秒 3m）超で木造家屋を流す
⑦ 決壊しない堤防による滞水

　この特性は，津波のパワーが減じられた宮古市での一つの事例であるが，例えば 50m を 10 秒よりも短時間で走られる人は津波を見てからでも①の津波に追いつかれずに逃げられる確率が高いなど，人間の体力とかかわる緊急時の避難方法を考える目安となる。「体力レベルが高い人」であれば津波と直面しても助かる可能性が高いことは，津波に遭遇して生き延びた人びと（青年〜中年）の避難行動の事例や東日本大震災の津波での犠牲者の 65％が 60 歳以上であったことなどからも裏づけられるだろう。なお，60 歳以上では，ロコモティブ・シンドロームで特定高齢者とされる TUG 基準値（男 7・4 秒，女 7・5 秒）を上回る人が多く，体力的弱者が多くなる（図 8-2）。

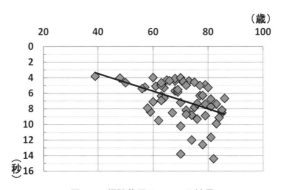

図 8-2　仮設住民の TUG の結果
　　IV章の「仮設住民の体力」にかかわり，集会所や談話室に集まった 74 名（男 19，女 55，平均年齢 69.9 ± 10.5 歳）に，TUG（椅子から立ち上がって 3m 先の目標まで歩行し，方向転換して戻って元の椅子に腰かけるまでの時間を計る体力テスト）を実施した。

気象庁 (2012) の津波防災啓発ビデオ「津波からにげる」などが推奨している「高台にいち早く逃げる避難方法」は津波から逃げる時間に余裕がある三陸沿岸をモデルにした「一つの基本行動」である。現在この避難方法が「釜石の奇跡」に象徴される防災教育を通じて前述の通り「津波避難の基本」として全国に広まっているが，直下型地震によって地震発生後数分で津波が襲来するような地域では，この避難方法は有効であるとは言い切れない。むしろ，高台に逃げる過程で最も危険な道路上に生身の身体を曝して，まったくもって無防備の状態となった時に津波と直面して命を落とす確率が格段に高まるだろう。実際，宮古市磯鶏地区の高齢の知人では，津波到達直前で逃げようと路上に出た数名が津波に呑まれて亡くなり，臆して逃げずに家屋2階に上った者は身体的に無傷で助かっている。

　そこで，このような到達時間の短い津波への「避難計画」の事例として，津波到達までの残り時間を「10分」とした場合での過程を模式的に示した（表8-2）。これは，海底噴火や活断層のずれによる津波など，波源（≒震源）が直下あるいは近接しており，地震発生から津波到達までにほとんど時間がない場合での基本的な考え方を示している。

　「40分」での場合と異なり，「10分」の場合には，「所定の段階」が存在せずに「選択の段階」から始まる。消防団員などが現場に赴いても津波に遭う可能性が高く，「退避ルール」との関係もあり，基本的に「公助」も行われない。また，「水平移動」を選択しても「路上」で津波に遭う危険性が高いので，地震発生直後から「垂直移動」を選択する人びととの割合がかなり高くなる。これは，襲来する津波の規模

表8-2　地震発生から津波到達までの時間が「10分」の場合

気象庁防災情報など	経過時間	津波到達までの残り時間	避難行動	消防団員らの活動
《地震発生》	00:00	10分	【選択の段階】	【公助無行】
地震速報	00:01	9分	自分の体力に応じ「垂直避難」	
津波警報・注意報	00:03	7分	に切り替え	
津波情報第一報				
		5分	【緊急の段階】	
《津波到達》	00:10	0分	「垂直避難」など	
津波情報の更新	00:15	-5分		

津波到達予想時刻10分の場合には，「所定の時間」がなく「選択の段階」から始まる。

がより大きくなればなるほど,「垂直避難」した家屋が一般的な木造2階建などが多いだろうことと関連して,命を失う人の数がより多くなることを意味するものでもある。また,「津波火災」が発生すれば,「垂直移動」で津波から逃れた避難者もその後他の場所に移動できなければ火災に巻き込まれる可能性が高い。したがって,繰り返しになるが,緊急的に行った「垂直避難」は必ずしも安全でないことを肝に銘じておくべきである。

「高台にいち早く逃げる避難」は津波火災から逃れる観点からも重要であるが,津波からの「最適な避難行動」は,津波到達までの避難可能時間と避難者の体力や避難路の状況などとの相対的な関係でまずは選択される。そして,津波と遭遇してからは,これに津波の動き(高さの高低や流れの強弱など)と建物の強度や高さなどに応じた避難可能な空間の変化も考慮に加えて総合的に判断されるものであろう。従って,最初に動的な自然とのかかわりでの「避難行動の選択」の原則と本質を教えるべきであり,単純に「高台に逃げる」ことのみを一律に伝えることは,緊急時に命を守る発想を奪うことにもなりかねない。

津波避難にかかわる教育・啓発では,地域で想定される津波の特性と避難対象者の体力を考慮した上で,地区ごとのよりローカルな条件も踏まえて「その時点で最適な避難行動」を考えられるチカラを養うべきであろう。その意味で,津波到達時間に応じて段階的に変化する「避難行動の選択」や「身を守る行動」は,津波からの避難での本質的な考えが反映されたものであり,最終的に自分の命は自分で守る「自己責任」の視点を明確にしている。

4. 防潮堤門扉の手動閉鎖の問題

震災5年目を向かえた現在,被災三県の沿岸を中心に防潮堤・堤防の再建・新設が行われつつある。防潮堤の建設については,その堤内に守るべき財産が「防潮堤の建設にかかわる費用」を上回って存在していることが最低条件となるであろうし,周辺住民の生活や心理,地域防災計画,防潮堤の耐用年数,まちづくり,今後の海面変化,海岸付近の貴重な生物種,自然景観などとのかかわりを含めてさまざまに考察した上で,場所や構造などの詳細も検討しつつ,持続的な社会や自然環境の存続の観点から建設の判断がなされるべきである。

ただ,三陸沿岸で育った編著者には物心ついた時から海や川と市街地との間に

写真 8-7　閉伊川沿いの堤防の陸閘と門扉（ゲート）
宮古市愛宕地区の第五分団が担当する。津波の再来を警戒して3月11日以降閉じられていた。2011年3月20日撮影。

は防潮堤や堤防があり，それが普通だと思って暮らしていた。そして，港などの堤外に通じる陸閘に付けられた門扉を消防団員が手動で閉鎖することは，「津波警報」時などでの日常的な風景でもあった。しかしながら，消防団員による門扉の手動閉鎖は，宮古市での避難計画における消防団員の避難にかかわる「10分ルール」の実現を大いに阻害する可能性が高い。

95頁で前述した「被災程度が小さかった地区の仮設住宅に移り住んでいる消防団員B」の行動記録では，津波到達予想時刻17時50分に高台避難を完了させており，「10分ルール」を順守できていなかったことが分かる。今後「復興」とともに消防団員の移住が進み，生活の中心が被災地区から離れる人びとが多くなると，団員Bのように屯所へのアクセスに時間が掛り，津波到達予想時刻までに門扉を閉鎖できなくなる恐れが高まるだろう。そこに，防潮堤の高さを下回るものの地面より高い小規模な津波が来れば，門扉で閉じられなかった陸閘から津波が入り込み，市街地が浸水することは言うまでもない。

また，津波襲来前に「沖出し（船を沖に出して津波被害から守る行為）」を行うために港に急行したい漁業関係などによる「閉鎖延期の懇願」なども，消防団員の安全な避難を阻害する要因の一つとなろう。「10分ルール」の順守のみを考えれば，遠隔操作できる門扉開閉システムの利用が考えられるが，万が一に故障すれば，最終的に対応に当たるのは当該地区担当の消防団員などであり（中野2011），「殉職」の可能性はゼロにはならない。そして，そもそも門扉を閉鎖することは，渋滞を引き起こさない自動二輪車による避難を宮古市で推奨しているこ

写真8-8　鍬ヶ崎地区の「宮古警察港町派出所」跡地
多くのご遺体が一時的に納められた「派出所」も取り壊された。お盆や月命日以外にも花が時々供えられていた。しかし，2016年3月現在では「復興」工事による造成で盛土に覆われてしまった。2013年7月30日撮影。

となどと関連して，津波襲来直前まで堤外にいる人びとの車両を利用した「自助」での避難行動を阻害することにも直結する。

　従って，堤外と堤内を車両で行き来できる「乗越道路（≒アプローチ道路）」が港周辺などの交通の要所には少なくとも設置されるべきである。地面との比高が大きい堤防ほど，設置に必要な用地も広くなるが，生死にかかわる究極の場面でのトラブルを未然に防ぐためにも，各自の責任と判断で避難行動を自由に選択できる防潮堤および関連施設が整備されるべきであろう。

　東日本大震災では，多くの方々が殉職された。死者・行方不明者数は，消防団員254名，消防職員27名，警察職員30名，自衛官3名であり，他に自治体職員，教職員，医療機関や介護施設の職員なども含めると総計500人以上となるだろう（総務省消防庁HPや警察協会HPなどに基づく）。消防職員の非常勤的な位置づけの消防団員は，津波災害の「最前線」で活動したことから特に殉職者数が多い。前述の宮古市で亡くなられた消防団員16名も津波襲来直前まで堤防門扉の閉鎖や避難誘導などに携わっていた。現在，東日本大震災を教訓として被災地だけでなく日本各地で地域防災計画の見直しが行われており，これによって，災害対応に直接当たる方々が殉職されないことを切に願う。

5.　復興計画の再検証と防災力の維持

　以上のように，被災地では防災力が低下し，これまで可能であった消防団による津波警戒活動が遅延・破綻する恐れが高まっている。これは，被災した消防

団員が非被災地区の仮設住宅や災害公営住宅に移住するなどして，津波被災地区を主たる生活の場としない団員が増加したことに起因しているためである．今後も多くの消防団員が震災前の居住地からも遠方に建設される高所移転地などに移り，かつ高齢となって体力が衰えていくことを考えると，堤防門扉の閉鎖などに即応できる人数はさらに減少するはずである．

　地域の防災力は，地域住民の生活力や連携力などマンパワーそのものによるところが大きい．被災市町村が「縮小傾向」にあり，被災地区でさらなる人口の減少と高齢化が進むことを考えると，限られた消防団員による守備範囲を縮小させて，実質的な防災力を維持する方向性を模索したいところである．その意味でも被災市町村では「コンパクト・シティ」「コンパクト・タウン」への政策的・施策的な収斂を今後の「復興」の中で第一に考えるべきであろう．

　そして，Ⅳ～Ⅵ章までの議論の延長で考えると，「高齢者の生活空間としては傾斜がほとんどない沖積平野のような場所」が最適地であり，ここでは行動の地形的障害がほとんどなく日々の身体活動を行いやすく，QOL（生活の質）が高い健康な生活を実現できる．100年に数回程度津波が襲来する三陸沿岸では，特に被災の危険度が高い「低地」の海側に堤防が建設されてきた．今回の津波でこの「低地」が大打撃を受けて「災害危険区域」などに指定されたが，本来，この場所は高齢者がギリギリまで生き生きと生活し続けることが可能な地形環境にある．

　高台に建設される災害公営住宅への入居希望者が少ない現状を考えても，高齢な被災住民に「健やかな死」を迎えて頂くためには，「有事の際に消防団などによる公助がない」場所であることの認識を前提とした上で，一世代に限って希望する被災地区への居住を許しても良いのかもしれない．もちろん，浸水が想定される場所に個人で居住する場合には，鉄筋造りで津波や洪水の流れに強くて，想定される浸水高以高の逃げられる場所がある「浸水対応の住居」を建築するなど，自己責任で十二分に対策を講じておくべきではあるが……．

　被災地区に戻りたい人びとの多くは高齢者である．その息子娘世代で車を運転する「地元の若者」の多くは，安全な高所移転地などへの移住を一般に望んでいる．そして，大筋ではどちらの「思い」も聞き入れる形で現在の「復興」がすすみ，民間不動産業関係者などの活動もあり，被災地の街が全体的に無秩序に拡大している．人口が減少する数十年先を見通すと，復興予算を使ってせっかく整備

写真 8-9 設置される備蓄倉庫
避難所に指定されている元「愛宕小学校」に，防災資器材が備蓄される倉庫が設置された。東日本大震災を経験して，必要な装備が追加された。2013年5月20日撮影。

写真 8-10 焼失した JR 山田駅
東日本大震災の津波襲来後に発生した火災で，山田町の中心市街地が燃え，駅舎の屋根が変形して崩れ落ちた。2011年3月30日撮影。

した高台の街のかなりが廃墟と化すことも予想できる。

　長期的に存続できるコンパクト・シティの立地を地形環境の面から考えると，「丘陵地・山地に接した段丘的な沖積平野」が最適であり，津波防災上でも「想定外の規模の津波」に対応して避難行動をとりやすい。このような地形上には「古い集落」が立地しており（明治期や大正期の旧版地形図で確認するとよくわかる），詰まる所，自然のシステムの中で安定的な場所に立地した集落が防災上でも人間の健康上でも最適であると言えるのかもしれない。「自由な経済活動」を否定するつもりは毛頭ないが，都市計画ではいくらオープン・スペースがあっても，上

記のような「自然のシステム」に根本的に原則従うべきなのだろう。

　地域の長期的存続を考えた場合,「復興計画の再検証」は極めて重要である。「復興」は，未来の地域の方向を決める大変重要な過程でもあり，かつ国民のみなさまから頂いた税金を被災地の復興のために有効活用させて頂くためには，県や市町村レベルで「復興」作業の過程をしっかり検証して修正できる部分は修正し，住民の日々の健康生活を維持しつつ，今後の災害に備えるべきであろう。

（岩船昌起）

【参考文献・URL】
- 岩船昌起 2012「堤防を越えた津波－映像からわかる津波の動きと避難行動（日本語版）」．南九州ケーブルテレビネット株式会社，DVD，87分.
- 岩手県総務部総合防災室 2012「平成24年12月7日の三陸沖地震（度5弱）及び津波注意報に伴う対応状況」．平成24年12月17日発表資料
- 気象庁（2012）『津波から逃げる（DVD）』．気象庁HP／津波から逃げる
  http://www.jma.go.jp/jma/kishou/books/tsunami_dvd/
- 中野規男（2011）宮古市消防団第20分団出動記録．東日本大震災全国消防団報告研修会報告書
  http://www.reconstruction.go.jp/topics/main-cat2/sub-cat2-2/
- 総務省消防庁（2013）『東日本大震災記録集 概要』
  http://www.fdma.go.jp/neuter/topics/houdou/h25/2503/250326_1houdou/03_houdoushiryou.pdf（平成25年3月26日発表）
- 警察協会HP／大震災殉難殉職者救援
  http://www.keisatukyoukai.or.jp/index.php?id=143　（平成24年4月10日発表）
- 「震災派遣の自衛官死亡3人目」読売新聞，2011年5月27日

写真 8-11　発災後に開発される「鳥獣保護区」
東日本大震災の津波襲来後に「高台」移転地を確保するために，既存の団地の縁辺部でも造成工事が行われている。2013年7月15日撮影。

あとがき

　東日本大震災で被災した人びとは，日々の生活を続けているものの，発災以降，どこか「時間が止まっている」と感じている方々が多いともいう。

　2016年3月現在，被災地ではさまざまな「復興」工事が進んでいる。規模が大きい津波によって甚大な被害を受けた被災地区では，防潮堤の建設と盛土地の造成との組み合わせで，津波で浸水した居住地に生活の場を再建しようとしている。しかし，その「盛土地」中心に再建されるだろう"まち"については，「もともと住んでいた故郷」と完全に思える人は少なく，多くの方々がかなりの部分で「新しい街」と感じているのではないだろうか。

　被災する前に生活行動が最も活発だった自宅や道路などは，その基礎やアスファルトまでが重機で破壊されて「震災ゴミ」となり，基本的に失われてしまった。仮に自宅の基礎などの一部が残されていても，それらは盛土で埋められてしまえば，考古学でいうところの「遺構」の範疇に収められ，完全に「過去」のものとなってしまう。つまり，「復興」工事で「土を盛る」ことは，「被災前に生活していた地面（以下，被災面）」の上に新しい地面を築く行為であり，地学での「地層塁重の法則」を適用して考えると，被災面を過去に葬ることとも解釈される。

　このような「盛土地」の造成に対しては，現在「『復興』工事に抗う勢力」として，盛り土を許さずに「被災面」を守ろうとする人たちがいる。「復興」工事については，被災した人びとが自分の生活再建しか考えられないうちに大枠が決められた感があるが，それぞれの政治・行政のプロセスを経て自治体の長や担当部局等の責任者が確認した上で決められたので，正当なものであったと考え，編著者はこれに異論を挟むつもりはない。しかしながら，本書でも論じた通り，「復興」工事の「見直し」については，適宜行うべきであり，政治・行政的に真っ当なプロセスを経て修正するべきところはしっかりと修正するべきであろう。

　ただ，被災面を守ろうとする人びとは，幼少の頃から家族で暮らした自宅や日々の営みで頻繁に行き来した近所の生活環境に「場所愛」を抱きつつ，盛り土され

写真 1 「復興」工事が進む鍬ヶ崎地区
沖積平野の家屋が津波で流失し，壊滅的な被害を受けた宮古市鍬ヶ崎地区では，「復興」に向けて防潮堤の建設と盛土地の造成が行われている。区画が整然とした"まち"の基盤がつくられつつあり，新築の住宅が建ち始めている。2016 年 3 月 13 日撮影。

ることによって，被災前の過去の穏やかな生活の思い出を紐解く手段をさらに失いたくないと強く思っている。

　編著者の「被災前の自宅」については，津波で 4m 弱浸水した程度で，「全壊」したが「流失」しなかった。そのため，自宅周辺の近所では相対的に被災の程度が小さく，盛土地造成の対象地区とはされずに被災面が維持され，かつて生活した"まち"の輪郭が残されている。2011 年 12 月に父親が他界し，初老の母親が一人暮らしとなったことを考慮して，津波で被災した「自宅跡地（従前地）」ではなく内陸側に道のりで 1000m 弱のところに新たに自宅を再建したが，母親がしばしば従前地の周辺を歩く機会には，ちょっとした場所で被災前の思い出がひとつふたつ蘇える時があるという。また，家屋そのものや自宅の基礎が取り壊されて撤去されたものの，敷地の外枠が残された従前地に入ると，編著者自身も「ここは居間で，ここが台所で…」などと無くなった家の中での間取りを確認し，その場ごとにかつての家族団欒の場面を思い起こすことがある。

　個人的な事例と思いを記述して恐縮するところであるが，被災した家屋の跡地のひとつひとつには，そこでのかつての生活者一人一人の思いが今でも込められている。そして，これらが連続する「被災面」についても非常に強い思いを持ち，

写真 2 「被災した地面」の上に土が盛られ，工事用仮道路が造られた
盛り土の下には，かつての自宅跡地がいくつもある。この先に自宅があった友人は，「古いカーナビで車を走らせっと，こごが家だったんだよなぁ～，ってわがんだよなぁ～」と言っていた。「復興」工事に同意しても，従前地への「場所愛」は強く残るようだ。2014 年 9 月 16 日撮影。

この場所に執着する人びとがまだまだ多くいることは，当然のことと思われる。

つまり，「個人」の営みの延長が「地域」の成り立ちに至るという視点が，非常に大事である。今後の地域運営の方向性を決める場合，また，本書のテーマである「被災者支援」を考える時にも，まずは地域の成り立ちの大枠を把握して，「被災者」のこれまでの人生の歩みを考慮して，それらの流れと調和できる今後の生活のあり方を考えることが出発点となるべきであろう。

この意味で，本書は，地域の基礎知識が必要と考え，旧版地形図を用いて宮古の成り立ちを「地誌学」的に簡潔に解説するところや市民の所得にかかわる説明などを第Ⅱ章として組み入れた。これは，発災直後の被災者支援ボランティアがしばしば「地元の人に限られる」こととも関係しており，その地域で話される方言の滑らかな活用とともに，被災地および被災者の文化や経済や社会などの背景を如何に総合的に知っているかというところともつながっている。

また，「被災者支援」において「地元の感覚」を大事にする必要があるという編著者の考えは，本書でも「被災者」などの言葉をそのままその時に話した方言で記述しているところにも反映されている。特に，第Ⅲ章以降での仮設住宅での生活習慣や日々の行動などの基礎的な知識の証明にかかわる部分でも時折「会話」を入れ込み，他地域出身者が大多数を占めるだろう読者の方々がその雰囲気を理

解して頂くための一助としたつもりである。

　そして，本書では，「個人空間」に注目し，本人の同意を得た上で教えていただいた「個人情報」と結びつきやすい空間データの取り扱いを意図して，メートル単位で詳細に空間を把握しようとする「パーソナル・スケール」での事象の整理を意識した。図表などの表記の問題からあえて「km」を空間単位として用いたところもあるものの，基本的に「m」単位で計測したデータに基づいている。

　今回は，出版の都合とのかかわりから，岩手県宮古市で行ってきた「仮設住宅の生活環境や住民の健康や行動にかかわる共同研究」での全てを掲載しておらず，心理学や行動学とかかわる一部を割愛している。しかしながら，空間を「パーソナル・スケール」で把握しようとすることは，この共同研究でも連携できたように，心理学や行動学などの人文社会学的な現象を把握しようとする研究方法で取り扱う対象の時空間スケールとも調和的であり，今後，GIS（地理情報空間システム）で対応できる空間データの詳細化とも関連して，総合的に"地域"と"個人"を結びつける研究の活発な展開が望めるフィールドを開拓するものと期待している。

　ところで，これまで「災害」については，どちらかというと，自然現象が突発的・急激に変化して人命や財産を奪う「発災」に注目が集まっていた感がある。しかし，防災の基本的な思想が「減災」に転換した現在，災害を長期での現象と捉えて，発災の後に訪れる「応急対策」「復旧」「復興」までを連続して考える必要がある。想定し得る「被災」に対応した「応急対策」を抜かりなく整えておくことはもちろんであるが，かつ「復旧」「復興」までの施策を長期的なまちづくり（≒国土計画，地域計画）との調和の中において準備しておくべきであろう。

　例えば，現在，防災集団移転事業などで「高台」に居住域が拡大し，津波で破壊された被災地区では家屋が疎らなままであり，かつ震災後からの被災地外への人口流出も継続している。また，新たに造成された「高台」への入居者の大半は壮年以上であり，数十年後には高齢者となり，体力的に徐々に衰えた状態となる。「高台」の「終の棲家」での自動車免許返納後の生活を想定すると，移動の障害である「坂」や「階段」に悩まされ，自宅に閉じ籠りがちな生活を送る可能性は否めない。早期に対応を考えるべきであろう。

　そもそも，現在の災害復旧復興対応の方向性は，前述の「日本全域の地方に共通する過疎や少子高齢化」の課題の解決につながるだろう「コンパクトシティ」

写真3　仮設住宅への比高数 m の坂を上る手押し車利用者
80代の比較的元気な女性で，この写真撮影時には，坂の上り口の数 m 手前から勢いをつけて，一気に坂を上りきった。現在，従前地から道のり5 km先の災害公営住宅に移り住むしかなかった彼女は，引っ越し後に体調を何度か崩し，体力がかなり低下した。2013年11月20日撮影。

や「コンパクトタウン」などの施策に反する方向でなされている。都市計画や地域計画は「若い視点」で「健康で元気な人間の活動」や「車社会」を前提につくられる傾向が強かったが，今後の少子高齢化社会や地方の過疎化などの現実を考えると，東日本大震災での「対津波対策」を主題とした「復興」対応の先にあるものとして，如何にして「平常時に行われてきた『長期的に種として人間が存続できる施策・政策』」との整合性を図るかが，より重要となるはずである。

　一方，湿潤変動帯にあり，沖積平野に都市が発達する日本では今後も災害が多発するはずだ。地域によって，首都直下型地震や南海トラフ地震，桜島の「大正噴火レベル」の大噴火などが想定されている。東日本大震災の発災や応急対策期，復旧期，復興期で被災者が経験している「辛い思い」を，今後の災害で被災者となるだろう人びとに体験させないためにも，全ての人びとがさまざまに備える必要がある。

　編著者は，現在，鹿児島大学地域防災教育研究センターで，霧島山えびの高原硫黄山や口永良部島新岳などの火山防災での警戒避難対応や災害応急対策，復旧対応での支援，奄美大島や与論島での津波防災対策の強化や小中学校への防災教育での総合的支援，熊本地震災害における宇城市での応急対策および復旧対応での支援などにかかわらせて頂き，南九州・南西諸島の地域防災の向上に大いに貢献させて頂いている。これは，地形を始めとする動的な自然環境と人間の体力とのかかわりを研究し続けていた専門性も大きいが，東日本大震災発災直後から現在まで月1回1週間程度のペースで被災地の宮古市や山田町などに入り，地元の人びとと交流しながら被災の実態解明にかかわる研究および支援活動を行ってき

写真 4　奄美市大川小中学校での山田町婦人会会長の特別講演
奄美市教育委員会は，岩手県地域婦人団体協議会副会長で山田町婦人団体協議会会長の野田和子さんをお迎えして，東日本大震災初期の避難所での生活について児童生徒が直接聴くことができる特別講演を開催した。編著者もスライド資料をつくり，当日もパソコンを操作して講演のお手伝いをした。平成 27 年度文部科学省委託事業「防災教育を中心とした実践的安全教育総合支援事業」の一環。2015 年 11 月 30 日 奄美市教育委員会 当田進一氏 撮影。

た経験と知識が大いに生かされているからであろう。

　「まえがき」でも記述したとおり，「被災する」ことは，裏を返せば一種の財産であり，日本全国の防災が「東日本大震災の実態や経験」を顧みて新たな方向を築こうとしているところからも，他地域や同地域での今後の防災を考える上でその知識と経験が基盤となることは間違いない。防災関連機関の要職にあるものの被災経験がない方に「東北の被災地に今ごろ行って研究をして鹿児島のためにどれだけ役に立つのか!?」という言葉を投げ掛けられたことがあるが，そのような方も含めて，被災していない地域の方々の「防災」「減災」に今後役立てて頂くためにも，東日本大震災の被災地での調査研究は力強く続けていく必要がある。

　日本地理学会「東日本大震災による被災地の再建にかかわる研究グループ」のメンバーおよび編著者は，それぞれの出身地など，個人的に所縁がある地域に入り，それぞれ長期的に調査研究活動およびこれに基づく支援活動を今後もさまざまに長々と継続していきたい。そして，本書のように，折をみてさまざまな媒体を通じて成果を報告させて頂く。

写真5　宮古市田老地区のリンゴ園で収穫された"ふじ"
時に自然の動きの激しさから人びとは被災するが，穏やかな状態の場合，頂くことができる恩恵は絶大である。普段お世話になっているリンゴ園では，東日本大震災が発災した2011年から「山の恵み」を被災地区に届けている。2015年11月25日撮影。

　なお，本書は，公益財団法人トヨタ財団「2012（平成24）年度研究助成プログラム東日本大震災対応特定課題『政策提言助成』：復興公営住宅の住まいづくりとそれを取り巻くまちづくりへの提言—被災者の体力や行動と被災地の再建過程に応じた地域性の反映（D12-EA-1017）」として行われた日本地理学会「東日本大震災による被災地の再建にかかわる研究グループ（略称：被災地再建研究グループ）」による共同研究の一つであり，出版においては，公益財団法人「トヨタ財団2014年度社会コミュニケーションプログラム」対象プロジェクト「仮設住宅の生活環境および仮設住民の心理・体力・行動にかかわる研究成果の公開：シンポジウムおよび書籍の普及（D13-SC-0003）」の助成を頂いた。

謝辞

　本書の基盤となった「仮設住宅の生活環境と仮設住宅住民の行動」にかかわる集中的な共同研究（2012年4月～2013年9月）での調査にご協力頂いた「被災者」および「被災した方々」の全てのみなさまに，まずは厚くお礼を申し上げたい。
　一方，本書に掲載していないところも含めて，分担研究責任者として共同研究の一部を一時的にでも担ってくださった方々として，石井佳世氏（志學館大学），

関根良平氏（東北大学），佐野嘉彦氏（岩手県立大学），増沢有葉氏（日本自然保護協会），松本宏明氏（志學館大学），山下浩樹氏（いわてリハビリテーションセンター）が挙げられる。

　現地調査の実施協力者として，秋山沙苗氏（朝日航洋），小野寺一也氏（いわてリハビリテーションセンター），菊地春子氏（河北新報社），今野明咲香氏（東北大学・院生），佐藤育美氏（いわてリハビリテーションセンター），佐々木歩氏（いわてリハビリテーションセンター），渋谷晃太郎氏（岩手県立大学），高木亨氏（熊本学園大学），谷地繭氏（足立区立青井小学校），寺田汐里氏（いわてリハビリテーションセンター），延足圭祐氏（被災地支援団体 うましか），橋本暁子氏（上越教育大学），細川由梨氏（元南山大学・学生），松本龍二氏（被災地支援団体 田老元気なまちづくり），山下久美子氏（国際航業），吉木岳哉氏（岩手県立大学），横山貴史氏（立正大学），渡邊充氏（いわてリハビリテーションセンター），和田綾香氏（元東京学芸大学・院生）が挙げられる。

　被災地再建研究グループ関係者であり，「宮古市都市圏」で情報交換を行いつつ連携して研究活動を行っている方または被災地再建研究グループ主催の巡検（現地視察会）に参加した方々として，東北大学大学院時代の指導教官で現在もご指導を頂いている田村俊和先生（東北大学名誉教授）を始めとして，浅川達人氏（明治学院大学），阿部隆氏（日本女子大学名誉教授），池田明彦氏（品川区役所），池田史枝氏（国士舘大学），池谷和信氏（国立民族学博物館），岩動志乃夫氏（東北学院大学），磯田弦氏（東北大学），岩間信之氏（茨城キリスト教大学），江川暁夫氏（桃山学院大学），久保純子氏（早稲田大学），駒木伸比古氏（愛知大学），西城潔氏（宮城教育大学），佐々木緑氏（広島修道大学），島田周平氏（東北大学名誉教授），島津弘氏（立正大学），瀬戸真之氏（福島大学），高野岳彦氏（東北学院大学），多田忠義氏（農林中金総合研究所），田中耕市氏（茨城大学），戸所隆氏（高崎経済大学名誉教授），豊島正幸氏（岩手県立大学），初澤敏生氏（福島大学），増田聡氏（東北大学），麦倉哲氏（岩手大学），森直子氏（NIRA総合研究開発機構），山下脩二氏（東京学芸大学名誉教授）らが挙げられる。

　他方，宮古市では，山本正徳市長を始めとして建築住宅課，都市計画課，危機管理課，復興推進課，被災者支援室などのみなさまにお世話になった。特に，伊藤眞氏，遠藤慎之氏，久保田貴裕氏，下澤邦彦氏，滝澤肇氏，戸由忍氏，中洞悟

氏，中村晃氏，盛合光成氏，田代英輝氏，山崎正幸氏，吉川泰文氏を挙げさせて頂きたい。

　宮古市社会福祉協議会では，葛浩史事務局長と佐々木沙希恵氏を始めとするみなさま，また宮古市末広町商店街振興組合では前川亘氏，宮古市中央通商店街振興組合では山野目茂樹氏を始めとするみなさまにお世話になった。

　岩手県沿岸広域振興局土木部宮古土木センターでは菅原透氏，同復興まちづくり課では戸来竹佐氏，小國昌光氏，同じく水産部宮古水産振興センター漁港復旧課では伊藤德樹氏，菊地政伸氏を挙げさせて頂きたい。

　また，山田町の龍昌寺住職の清水誠勝方丈には，いつも暖かく見守って頂いている。同級生の伊藤拡二氏，佐々木康弘氏，大澤秀明氏，太田めぐみ氏，金丸美香子氏，菊地忠成氏，佐々木恵理子氏，三浦美穂子氏，地元関係者の坂本公子氏，附田心氏，和美高子氏にもお世話になった。

　2011年3月の被災地への急行に際しては，当時秋田在住でガソリン満タンの車を秋田空港から手配してくれた大島規江氏（茨城大学）を始めとして，鹿児島から空輸する支援物資を準備してくれた今村良子氏，田上希帆氏，外山広幸氏，仲宗根謙治氏に大変お世話になった。

　また，父親（故人）および母親を始めとする家族親族一同にも，日頃から心配を掛け続け，大いに気苦労を与えてきた。本当に世話になっている。

　トヨタ財団の大野満氏（事務局長・総務部長）および本多史朗氏（チーフプログラムオフィサー）には巡検（現地視察会）などにもご参加頂き，社会コミュニケーションプログラムの実行に際してさまざまにご配慮およびご助言を頂いた。

　そして，古今書院の関秀明氏には，本書の制作にあたり，着実正確に作業を進めて頂き，編著者のこだわりにも辛抱強く快く対応して頂いた。

　大変多くの方々のご配慮ご協力ご助力ご指導などによって，本研究が成り立ち，本書が出版された。以上の方々に，こころより厚く御礼を申し上げます。

編著者　岩船　昌起

索　引

106 急行バス　1, 92
ADL（日常生活動作）　39
E-SAS　37, 39, 40
GIS　67
NIRA　68
QOL（生活の質）　104
SRRS（社会再適応評価尺度）　78
TUG（歩行テスト）　40, 99
WBGT（湿球黒球温度）　30
YMCA　58

ア行
秋田空港　85
愛宕　94
イーフー・トゥアン　58
依存性　62
一部損壊　74
移動販売車　43
犬　87
運動効率　58
運動習慣　48
エクササイズ　38
「遠地」型　63, 66
大槌町　90
オープン・スペース　106
沖出し　102
牡鹿半島　92
お茶っこ　67

カ行
海運　3
介護度　41
階段　45
海底噴火　100
火災　101
過疎　79
活断層　100

釜石の奇跡　100
カロリズム　38
義援金　9, 72
犠牲者　99
北上高地　2
丘陵地　2
漁業　3
緊急支援物資数　14
緊急地震速報　92
「近地」型　63, 65
口永良部島　34, 69
靴下　33
くらしづくり　44
車　50, 93
血縁者　88
建材　26
研修　91
原子力災害被災地区　80
懸垂　47
建築学　20
原地復帰　62
原発　10
コインランドリー　88
公助　98
行動圏　69
高度成長期　5
高齢化　60
港湾　5
ご近所環境　69
国道　5, 86
こころの回復　41, 79
個人空間　48
コネチカット州　59
ゴミ捨て　54
孤立　42
コンパクト・シティ　104

サ行

災害関連死　35, 74
災害救助法　7, 16
災害公営住宅　69
災害障害見舞金　74
災害弔慰金　74
災害弔慰金支給法　7
坂　61, 94
山地　2
三陸沿岸　79
山麓緩斜面　2
自衛隊　14, 87
自己完結型　90
自己責任　101
施策　68
自主避難者　95
自助　98
自然景観　101
自然のシステム　106
事前の説明　35, 68
持続的な社会　101
自治会　59
自転車　49, 54, 61
自動二輪車　102
シャイな気質　90
社会再適応評価尺度（SRRS）　77
借地　9
借家　9
住環境　69
宗教　83
従前地　58
殉職　102
消防団　95
食事　48
所定の段階　97
所得　9, 80
心筋梗塞　28, 36
侵食　2
人的資源　91
しんどさ　45
心拍数　45
信頼関係　59
心理　37, 62
垂直移動　97, 100

水平移動　97, 100
スーパーマーケット　56, 66
ストーブ　26
ストレス　48, 76
スポーツ環境　59
税金　106
政策　68
全壊　72
全国社会福祉協議会　82
選択の段階　98
洗濯物　54, 88
測候所　24
外断熱　24

タ行

堆積　2
退避ルール　100
体力的弱者　99
高台　46, 55, 65, 94, 100
タクシー　50, 93
蛸ノ浜　92
建物被害　72
地域空間単位　81
地域調査士　67
地域防災計画　103
地縁（者）　65, 88
知覚　59
地形環境　104
沖積低地　2
地理空間情報　44
津波映像　98
津波火災　101
津波災害被災地区　80
津波到達予測時刻　98
出会い　41
鉄道　4
電気カーペット　27
電気代　34
トイレ　27, 32
東北新幹線　89
東北地方太平洋沖地震　9
動脈硬化性疾患　29
登山　90
閉じ籠り　36, 42
突然死　29, 76

徒歩　49
徒歩活動域　56
徒歩バス行動域　56
トポフィリア　58

ナ行
内断熱　34
中里団地　94
新潟中越地震　33
肉体労働　83
日常生活域（圏）　49
日本生気象学会　30
日本地理学会　36, 69
日本理学療法士協会　37
熱中症　29, 32, 34
脳梗塞　28
脳卒中　28, 36
乗越道路　103

ハ行
バイク　50
ハグラ　29
波源　100
ハザード　32
場所愛　58
バス　52, 92
半壊　72
反射式石油ストーブ　26
藩政期　2
東日本大震災　85
被災者支援制度　72
被災者生活再建支援法　7
被災地再建研究グループ　36
被災地出身者　85
非正規雇用　80
ビッグパレットふくしま　37
避難可能時間　101
避難行動　105
避難者数　15
避難者の体力　101
避難所　87
病院　56
風除室　24
福島第一原子力発電所　10
復興計画の再検証　106

プリペイドカード　88
プレハブ　21
噴火　34, 69, 100
防災教育　71, 100
放射性物質　80
放射能災害　11
防潮堤の建設　101
法律　7, 16
ボランティア　48, 82, 83, 91

マ行
身を守る行動　101
明治三陸大津波　62

ヤ行
屋久島　34, 70
やませ　30
要介護者　87
よしず　34
与論島　34

ラ行
ラジオ体操　87
陸前高田市　90
利便性　65
流速　98
「隣接」型　63
ロコモティブ・シンドローム　99

編著者

岩船 昌起　いわふね まさき

鹿児島大学地域防災教育研究センター特任教授，教育部門長。1967年岩手県生まれ。東北大学大学院単位取得満期退学。博士（理学）。専門：健康地理学，防災教育，自然地理学。主な業績：ヒトの身体活動とさまざまな環境との関係を論じた「健康な地理学」を月刊地理にて2009年9月〜2011年9月に連載。『堤防を越えた津波：映像からわかる津波の動きと避難行動（DVD）』をMCTより2012年3月に発表。『3.11 残し，語り，伝える 岩手県山田町東日本大震災の記録』の「第3章 避難」を共同執筆（代表）（2017年3月発行予定）。日本地理学会「東日本大震災による被災地の再建にかかわる研究グループ」代表兼世話人。日本体育学会や日本救急医学会などにも所属。社会活動としては，霧島山火山防災協議会，鹿児島市セーフコミュニティ防災・災害対策委員会，奄美市防災教育総合支援事業推進委員会，えびの市観光審議会など，多数の委員会などに参画している。

分担執筆者

髙橋 信人　たかはし のぶと　　　　　　　　　　　　　　　第Ⅲ章執筆

宮城大学食産業学部准教授。1976年京都府生まれ。東北大学大学院理学研究科地学専攻博士課程後期修了。博士（理学）。専門：東アジアスケールの前線帯の気候学。

白井 祐宏　しらい まさひろ　　　　　　　　　　　　　　　第Ⅳ章執筆

志學館大学人間関係学部講師。1979年岡山県生まれ。九州産業大学大学院国際文化研究科国際文化専攻臨床心理学コース博士課程後期修了。博士（文学）。専門：臨床心理学。

書　名	**被災者支援のくらしづくり・まちづくり**　── 仮設住宅で健康に生きる ──
コード	ISBN978-4-7722-7142-4
発行日	2016（平成28）年10月18日　初版第1刷発行
編著者	岩船 昌起　Copyright ©2016 Masaki Iwafune
発行者	株式会社 古今書院　橋本寿資
印刷所	株式会社 太平印刷社
製本所	株式会社 太平印刷社
発行所	古今書院　〒101-0062 東京都千代田区神田駿河台2-10
TEL/FAX	03-3291-2757 ／ 03-3233-0303
振　替	00100-8-35340
ホームページ	http://www.kokon.co.jp/　　検印省略・Printed in Japan

いろんな本をご覧ください
古今書院のホームページ

http://www.kokon.co.jp/

★ 700点以上の**新刊・既刊書**の内容・目次を写真入りでくわしく紹介
★ 地球科学やGIS, 教育など**ジャンル別**のおすすめ本をリストアップ
★ 月刊『地理』最新号・バックナンバーの特集概要と目次を掲載
★ 書名・著者・目次・内容紹介などあらゆる語句に対応した**検索機能**

古今書院

〒101-0062　東京都千代田区神田駿河台 2-10

TEL 03-3291-2757　　FAX 03-3233-0303

☆メールでのご注文は　order@kokon.co.jp　へ